六韬·三略

崇贤书院 释译

序 言

古代巾箱本指中国古时刻印开本极小、可以装在巾箱里的书本。《北堂书钞》卷一三五"王母巾箱"条引《汉武内传》，说"帝见王母巾箱中有一卷小书，盛以紫锦之囊"。这里所说的"巾箱"即是古人放置头巾的小箱，而可放入随身携带巾箱中的袖珍版小书，即称巾箱本。巾箱本，具有这种袖珍样式并便携的特点。因其被置于巾箱中，则见巾箱本并非主人仅限于书房阅览，而更可于闲暇休憩间随手翻阅品读的小书。亦可能是主人极为珍视、须臾不可离的珍爱之作。

清乾隆十一年，乾隆皇帝亦曾下令将武英殿刻经史所留余材，模仿古人巾箱本样式，刻成所谓"古香斋袖珍书"系列，为世所称。

今时今日，崇贤馆欲以巾箱本形式，整理出版一批颇具价值的古藏本。立意是将古书形制之美传达今世，其内涵精神即可为今人所用。现代习惯于西方阅读方式的读者，则通过崇贤馆巾箱本系列，就能对中国传统文化的精致与情韵有亲切的感悟与感动。

崇贤馆巾箱本，从古刻本筛选方面，集多年心

序言

血寻访海内外博物馆、藏书楼与藏书家，今日已有可观之积累。又择其中版本精美完整、刻字疏密有致之作。涵盖自宋至民国时期的刻本、影印本、铅印本、拓本等，可谓是集览古籍善本中甚为精美、极具有欣赏价值的版本。崇贤馆巾箱本主旨崇尚古风，印刷时均谨慎缩印为巾箱本大小，依旧以"中国书"最传统淳朴的宣纸、线订等手工艺装帧，彰显古书最原始自然的风貌。

同时，为了读者在鉴赏中国古书形制美之余，亦不忘"书备而不读如废纸"的宗旨。崇贤馆精心策划，特为每套巾箱本附一册简体通解本，附有原文、注释、译文、赏析等功能板块设计，方便读者在珍赏之外，不忘传承古今的精神内涵，更显示此套巾箱本之特色。

六韬

目録

文韬

　　文　师 ………………………… 二

　　盈　虚 ………………………… 七

　　国　务 ………………………… 一〇

　　大　礼 ………………………… 一二

　　明　传 ………………………… 一五

　　六　守 ………………………… 一六

　　守　土 ………………………… 一九

　　守　国 ………………………… 二二

　　上　贤 ………………………… 二四

　　举　贤 ………………………… 二八

　　赏　罚 ………………………… 三一

　　兵　道 ………………………… 三一

武韬

　　发　启 ………………………… 三四

　　文　启 ………………………… 三九

　　文　伐 ………………………… 四二

　　顺　启 ………………………… 四六

　　三　疑 ………………………… 四八

龙韬

　　王　翼 ………………………… 五二

　　论　将 ………………………… 五七

　　选　将 ………………………… 六一

一

目錄

立 将	六三
将 威 军	六六
励 军 符	六七
阴 书	七〇
阴 书	七一
军 势	七三
奇 兵	七六
五 音	八一
兵 征	八五
农 器	八九
虎 韬	
军 用	九二
三 陈	一〇二
疾 战	一〇三
必 出	一〇四
军 略	一〇七
临 境	一〇九
动 静	一一一
金 鼓	一一四
绝 道	一一六
略 地	一一九
火 战	一二二
垒 虚	一二四
豹 韬	
林 战	一二六

二

突　战	一二七
敌　强	一三〇
敌　武	一三三
鸟云山兵	一三五
鸟云泽兵	一三六
少　众	一三九
分　险	一四二

犬　韬

分　合	一四四
武　锋	一四五
练　士	一四六
教　战	一四九
均　兵	一五一
武车士	一五五
武骑士	一五五
战　车	一五六
战　骑	一五九
战　步	一六四

三　略

上　略	一六八
中　略	一八九
下　略	一九六

六韜

文韬

文师

文王将田①，史编布卜②，曰："田于渭阳③，将大得焉。非龙非彲④，非虎非罴⑤；兆得公侯⑥，天遗汝师；以之佐昌，施及三王。"文王曰："兆致是乎？"史编曰："编之太祖史畴为禹占⑦，得皋陶⑧，兆比于此。"文王乃斋三日，乘田车，驾田马，田于渭阳，卒见太公⑨，坐茅以渔。

文王劳而问之曰⑩："子乐渔耶？"太公曰："臣闻君子乐得其志，小人乐得其事。今吾渔甚有似也，殆非乐之也。"文王曰："何谓其有似也？"太公曰："钓有三权：禄等以权，死等以权，官等以权。夫钓以求得也，其情深，可以观大矣。"

〔注释〕

①文王：殷商末年周部落首领，姬姓，名昌，周武王之父，相传曾被纣封为西伯。田：通"畋"，狩猎。②史：官职名，掌管文书记录、祭祀占卜等事。编：人名，"史编"就是名叫编的史官。布卜：占卜。③渭阳：渭水之

北，古人以山南水北为阳。④螭：同"螭"，传说中的一种没有角的龙。⑤罴：棕熊的古称，泛指猛兽。⑥兆：卜兆，龟甲或兽骨经灼烧后出现的裂痕，占卜者据此判断吉凶。公侯：古代五等爵位为公、侯、伯、子、男，这里指才能堪比公侯的贤能之士。⑦太祖：家族的始祖。史畴：名叫畴的史官。禹：传说中夏后氏的首领，以治水而闻名，为夏朝的奠基者。⑧皋陶：传说中舜时代的司法官，后来又辅佐禹治理天下。⑨太公：姜姓，吕氏，名尚，又名望，西周诸侯齐国的始祖，尊称"师尚父""太公望"。⑩劳：慰劳，致意。

〔译文〕

周文王将要外出狩猎，太史编占卜吉凶，得出结果说："这次在渭水之北狩猎，将会有很大的收获。所得的不是飞龙，也不是猛兽；占卜的结果显示，你将得到一位才能堪比公侯的贤士，这是上天赠给你的太师；让他来辅佐你，可以惠及子孙。"文王问："卜兆真的如此吉利吗？"太史编答道："我的祖先太史畴过去曾为大禹占卜，因而使他得到了皋陶这位贤臣，当时的卜兆和今天这次差不多。"文王于是斋戒三天，乘坐狩猎用的车马，到渭水之北狩猎，在巡游的时候，终于遇到了太公望，他正坐在茅草堆上垂钓。

文王亲自走过去向太公致意，并问他说："你很喜欢钓鱼？"太公答道："我听说君子能够为实现自己的志向而感到高兴，小人只是为了做好眼前的事情而感到高兴。现在我在此垂钓，道理跟这个很相似，并非真的因为喜欢钓鱼。"文王问："为什么说跟钓鱼的道理很相似呢？"太公回答说："垂钓之事体现了三种权谋：用俸禄吸引人才，用重金收买死士，用官爵招揽贤者。垂钓的目的是为

六韬·三略

了有所收获，所以求才与钓鱼有相似之处，其中的意义十分深奥，通过此事可以见微知著，从而领悟出治理天下的道理。”

文王曰：“愿闻其情。”太公曰：“源深而水流，水流而鱼生之，情也；根深而木长，木长而实生之，情也；君子情同而亲合，亲合而事生之，情也。言语应对者，情之饰也；言至情者，事之极也。今臣言至情不讳，君其恶之乎？”

文王曰：“惟仁人能受正谏，不恶至情。何为其然？”太公曰：“缗^{mín}微饵明^①，小鱼食之；缗调饵香，中鱼食之；缗隆饵丰，大鱼食之。夫鱼食其饵，乃牵于缗；人食其禄，乃服于君。故以饵取鱼，鱼可杀^②；以禄取人，人可竭；以家取国，国可拔；以国取天下，天下可毕^③。呜呼！曼曼绵绵^④，其聚必散；嘿嘿^{mò}昧昧^⑤，其光必远。微哉！圣人之德，诱乎独见。乐哉！圣人之虑，各归其次，而树敛焉。”

〔注释〕

①缗：鱼线，钓鱼用的丝绳。②杀：这里指捕获。③毕：

古时狩猎用的有长柄的网，这里作动词，意为取得。④曼曼：同"漫漫"，广阔无边。绵绵：持续长久。⑤嘿嘿：同"默默"，寂然无声。昧昧：纯厚浑朴。

〔译文〕

文王说："我想听你进一步讲讲其中的道理。"太公说："水的源头深远水就会流动，流动不止就会有鱼在此生长，这是符合世间常理的；树的根扎得深就会枝繁叶茂，枝繁叶茂就会结出很多果实，这也是符合世间常理的；君子志趣相投就会亲近和睦，亲近和睦事业就会成功，这仍然是符合世间常理的。语言的交流，是用来表达内心真实感受的；如果能够道出真情，那么就可以说是探求事理的极致了。现在我所说的都是直言不讳的心里话，您听了不会反感吧？"

文王说："凡是仁德之人都能接受正当的劝谏，不会对他人的肺腑之言有反感。我怎么能厌恶你对我说的那些话呢？"太公说："微细的鱼线和明显的鱼饵，可以钓到个头很小的鱼；适中的鱼线和美味的鱼饵，可以钓到体型中等的鱼；粗长的鱼线和丰盛的鱼饵，可以钓到大鱼。鱼吃了诱饵，就会被鱼线所牵制；人拿了俸禄，就会对君主效忠。所以用诱饵捕鱼，就可以捉到鱼；用俸禄聘取士，就可以找到人才；从私家入手去夺取国，就能攻克这个国家；以本国为基础去夺取天下，就必定会征服天下。唉！广阔无边而持续长久的事物，其治理如果不得其法，即使聚集在一起也终究会消散；寂然无声而纯厚浑朴的事物，若能顺应世间的常理，光芒必定能够照耀得长久而悠远。真微妙啊！圣人的仁德，以其独到的见解诱导世人。真快乐啊！圣人的思虑，使天下万物各得其所，并且能够收揽人心。"

文王曰："树敛何若而天下归之？"太公曰："天下非一人之天下，乃天下之天下也；同天下之利者则得天下，擅天下之利者则失天下。天有时，地有财，能与人共之者，仁也；仁之所在，天下归之。免人之死，解人之难，救人之患，济人之急者，德也；德之所在，天下归之。与人同忧同乐，同好同恶者，义也；义之所在，天下赴之。凡人恶死而乐生，好德而归利，能生利者，道也；道之所在，天下归之。"

文王再拜曰："允哉，敢不受天之诏命乎！"乃载与俱归，立为师。

〔译文〕

文王接着问："如何通过收揽人心的方法来使天下归服呢？"太公答道："天下不是某一个人的天下，而是天下人共有的天下；与天下人同享利益的人能够得到天下，将天下人的利益独自垄断的人就会失去天下。天有四季的变化，地有万物的生成，能够与人共同分享的，就是仁爱；仁爱存在的地方，天下人自然前去归服。能够免除人们死亡，解决人们困难，拯救人们祸患，接济人们急需的，就是恩德；恩德存在的地方，天下人自然前去归服。与人们共同分享欢乐，一起分担忧虑，爱人之所爱，恨人之所恨的，就是正义；正义存在的地方，天下人自然前往奔赴。凡是人就没有不厌恶死而乐于生的，没有不喜好仁德而追寻利益的，能够使人获得利益的，就是天道；天道存在的地方，天下人自然会纷纷归附。"

文王连续拜谢了两次，说："真的很公允啊！我怎么敢不接受上天的诏命呢！"于是他与太公同乘狩猎的车子回到国都，并拜其为太师。

盈　虚

文王问太公曰："天下熙熙，一盈一虚，一治一乱，所以然者何也？其君贤不肖不等乎？其天时①变化自然②乎？"

太公曰："君不肖，则国危而民乱；君贤圣，则国安而民治。祸福在君，不在天时。"

〔注释〕

①天时：原指天道运行的规律，这里指天命。②自然：在不经人力干预的情况下自由发展而成。

〔译文〕

文王问太公道："天下纷扰杂乱，盛衰无常，治乱更替，造成这种局面的原因是什么呢？难道是因为君主贤能与否的差别吗？难道是因为天命的变化而自然生成的吗？"

太公回答说："君主不贤能，就会导致国家危难，民众混乱；君主圣明，就会让国家太平，民众安定。国家的祸福在于君主的贤能与否，不在于天命的变化与否。"

六韬·三略

文王曰："古之贤君可得闻乎？"太公曰："昔者帝尧之王天下也①，上世所谓贤君也。"

文王曰："其治如何？"太公曰："帝尧王天下之时，金银珠玉不饰，锦绣文绮不衣，奇怪珍异不视，玩好之器不宝②，淫佚之乐不听③，宫垣屋室不垩④，甍桷椽楹不斫⑤，茅茨遍庭不剪，鹿裘御寒，布衣掩形，粝粱之饭⑥，藜藿之羹⑦，不以役作之故害民耕绩之时，削心约志，从事乎无为⑧。吏忠正奉法者尊其位，廉洁爱人者厚其禄。民有孝慈者爱敬之，尽力农桑者慰勉之。旌别淑德⑨，表其门闾⑩；平心正节，以法度禁邪伪。所憎者，有功必赏；所爱者，有罪必罚。存善天下鳏寡孤独，赈赡祸亡之家。其自奉也甚薄，其赋役也甚寡，故万民富乐而无饥寒之色。百姓戴其君如日月，亲其君如父母。"文王曰："大哉，贤君之德也！"

〔注释〕

①尧：传说中上古时代的华夏部落联盟首领，他勤政爱民，后禅让于舜。王天下：称王于天下，"王"在这里

作动词，意为称王。②玩好之器：供人赏玩的精美器物。宝：即"以之为宝"，这里作动词。③淫佚：恣意淫乐，放荡不羁。④垩：一种白色的土，常用来涂饰墙壁，这里作动词，意为粉刷。⑤甍：屋脊。桷：方形的椽子。橑：放在檩子上架屋面板和瓦的条木。楹：堂屋前部的大柱子。斫：本义为刀斧，引申为用刀斧砍之意，这里指雕饰甍、桷、橑、楹。⑥粝粱：粗糙的粮食。⑦藜藿：两种野菜，泛指粗劣的食物。⑧无为：选贤任能，以德化人，此为儒家思想，不同于道家清静无为的主张，《论语·卫灵公》说："无为而治者，其舜也与？"⑨旌别：区别。德：应作"慝"，意为邪恶，《尚书·毕命》中有"旌别淑慝，表厥宅里"之语。⑩门闾：乡里，门庭。

〔译文〕

文王说："古代圣贤君主的事迹，我可以听一听吗？"太公回答说："从前帝尧称王于天下，是上古时代人们所说的贤明君主。"

文王又问："他治理天下的方法是怎样的呢？"太公答道："帝尧称王于天下的时候，不用金银珠宝做装饰物，不穿绫罗绸缎制成的衣服，不看世间少有的奇异物品，不把供人赏玩的珍贵器具视为宝贝，不听放荡淫靡的音乐，不粉饰宫廷的墙壁，不雕饰房屋的梁柱，不修剪庭院的茅草，穿鹿皮抵御风寒，以布衣遮蔽身体，吃粗糙的饭食，喝野菜做的羹汤，不因为公家劳役的缘故，耽误农民耕织的时节，抑制自己的欲望，从而做到无为而治。对于官吏，忠诚正直奉公守法的，就提升他的爵位；廉政清白爱护民众的，就增加他的俸禄。对于民众，孝敬父母慈爱幼儿的，就要予以关爱和尊重；全力从事耕地种桑的，就要给予勉励和慰问。区分善恶，表彰良民；保持公正的态度与合理的原则，用法律和制度禁绝奸邪与伪善。自己所憎恶的人，有了功劳也一定给予奖赏；自己所宠爱的人，犯了错误也一定给予惩罚。抚恤天下的老弱孤苦之人，救济遭受灾祸的家庭。帝尧自己的俸禄十分微薄，向百姓征收的赋税劳役也非常少，所以天下的百姓富足安乐，脸上没有饥寒交迫的神色。百姓像敬仰天上的日月一样拥戴他，像对待父母一样敬爱他。"文王说："真伟大啊！贤明君主的仁德！"

国　务

文王问太公曰："愿闻为国之大务，欲使主尊人安，为之奈何？"太公曰："爱民而已。"

文王曰："爱民奈何？"太公曰："利而勿害，成而勿败[①]，生而勿杀，与而勿夺，乐而勿苦，喜而勿怒。"

文王曰："敢请释其故。"太公曰："民不失务，则利之；农不失时，则成之；省刑罚，则生之；薄赋敛[②]，则与之；俭宫室台榭[③]，则乐之；吏清不苛扰，则喜之。民失其务，则害之；农失其时，则败之；无罪而罚，则杀之；重赋敛，则夺之；多营宫室台榭以疲民力，则苦之；吏浊苛扰，则怒之。故善为国者，驭民如父母之爱子[④]，如兄之爱弟。见其饥寒则为之忧，见其劳苦则为之悲，赏罚如加于身，赋敛如取己物，此爱民之道也。"

〔注释〕

①败：毁坏。②赋敛：田赋，税收。③台榭：泛指楼台等建筑物，为游观之地。台指的是一种高而平的建筑物，榭是建在台上的房屋。④驭民：也称"御民""牧民"，即驾驭和统治人民。古代统治者把民众比作供人驱使的牲畜，故有这种说法。

〔译文〕

文王问太公说："我想听一听治理国家的要务，如果要使君主受到尊崇，民众安居乐业，应该怎么办？"太公回答说："仅仅在于爱护百姓这一点罢了。"

文王又问："爱护百姓应该怎样去做呢？"太公答道："给予他们利益而不要损害他们；成全他们的事业，不要进行破坏；给他们以生路，不要无故残害；对他们施以恩惠，不要随意侵夺财产；让他们安居乐业，不要使其劳顿困苦；让他们感到欣喜，不要使其心怀怨怒。"

文王说："我冒昧地请你再解释一下其中的道理。"太公回答说："百姓不失掉本职工作，就是给予他们利益；民众不误农时，就是成全他们的事业；减免刑罚，就是给他们以生路；减轻赋税，就是对他们施以恩惠；少修建舞榭歌台，就会让他们安居乐业；官吏清廉而不骚扰百姓，就会让他们感到欣喜。百姓失去了本职工作，就是对他们的损害；农民耽误了耕作的时节，就破坏了他们的家业；民众无罪而遭到惩罚，就等于无故残害了他们；加重田赋和税收，就相当于夺取了他们的财产；大兴土木营建宫室来消耗民力，就会使他们感到困苦；官吏腐败残暴，就会

六韬

一一

激起民怨。因此善于治理国家的君主，驾驭民众就像父母怜爱子女，就像兄长爱护弟弟，看到他们饥寒交迫就为他们感到忧虑，看到他们劳顿困苦就为他们感到悲伤，对百姓的赏罚就像施加在自己身上一样，征收赋税就像取走自己的物品一样，这就是爱护民众的道理。"

大　礼

文王问太公曰："君臣之礼如何？"太公曰："为上唯临①，为下唯沉②。临而无远③，沈而无隐④。为上唯周⑤，为下唯定⑥。周则天也⑦，定则地也，或天或地，大礼乃成。"

〔注释〕

①临：居高临下，引申为洞察下情。②沉：深沉隐伏，引申为驯服恭敬。③远：指疏远民众。④隐：隐匿私情，这里指不忠诚，有贰心。⑤周：普遍，引申为广施恩德。⑥定：安定，引申为安分守己。⑦则：效法。

〔译文〕

文王问太公说："君臣之间的礼节是怎样的呢？"太公回答说："作为君上，应当洞察下情；作为臣下，应当恭顺虔敬。洞察下情就不会脱离群众，恭顺虔敬就不会心怀不忠。作为君上，要广施恩惠；作为臣下，要安分守己。广施恩惠，就是效法上天育养万物；安分守己，就是效法大地纯朴厚重。君主效法上天，臣民效法大地，这样贵贱有序、尊卑有别的礼法就形成了。"

高山深渊

　　高山巍巍,深渊冥冥,君主的气质风度,要像高山一样,使人仰望不能窥见其峰顶;要像深渊一样,使人俯视无法测度其深浅。

文王曰："主位如何？"太公曰："安徐而静，柔节先定①，善与而不争。虚心平志，待物以正。"

文王曰："主听如何？"太公曰："勿妄而许②，勿逆而拒③。许之则失守，拒之则闭塞。高山仰之，不可极也。深渊度之，不可测也。神明之德，正静其极。"

文王曰："主明如何？"太公曰："目贵明，耳贵聪，心贵智。以天下之目视，则无不见也；以天下之耳听，则无不闻也；以天下之心虑，则无不知也。辐凑并进，则明不蔽矣。"

〔注释〕

①安徐而静，柔节先定：居于君位要安详从容而清静无为，以和柔之气节制自己，通过自我约束赢得他人的尊重。《管子·九守》有此语，《管子·势》作"安徐正静，柔节先定"。②妄而许：全盘肯定，草率地接受。③逆而拒：全盘否定，武断地拒绝。

〔译文〕

文王问："居于君位上应该怎样做呢？"太公回答说："要安详从容而清静无为，以和柔之气节制自己，通过自我约束赢得他人的尊重，要多施以恩惠，不与民争利。谦虚谨慎，心志平和，以公正的态度对待世间万物。"

文王问："做君主的应该怎样听取别人的意见呢？"太公回答说："不能草率地全盘接受，不能武断地全盘拒绝。轻易接受就会失掉自己的原则，妄加拒绝就阻塞了臣下的言路。君主应该如同高山一样令人景仰，无法望见其顶端；应该如同深渊一样，无法探测其深浅。神圣英明的君王之德，就是使公正清静达到极致。"

文王问："做君主的应该怎样做到明察一切呢？"太公回答说："眼睛贵在看得清楚，耳朵贵在听得真切，心贵在思虑周详。君主用天下人的眼睛去看，就没有看不到的；用天下人的耳朵去听，没有听不见的；用天下人的心去思考，就没有不知道的。天下之事就会像车轮上的辐条聚集于车轴四周一样，从四面八方汇集到君主那里，那么明察一切的渠道就不会被阻塞了。"

明　传

文王寝疾，召太公望，太子发在侧[①]。曰："呜呼！天将弃予，周之社稷将以属汝。今予欲师至道之言，以明传之子孙。"

太公曰："王何所问？"文王曰："先圣之道，其所止，其所起，可得闻乎？"

太公曰："见善而怠，时至而疑，知非而处：此三者，道之所止也。柔而静，恭而敬，强而弱，忍而刚：此四者，道之所起也。故义胜欲则昌，欲胜义则亡；敬胜怠则吉，怠胜敬则灭。"

〔注释〕

①太子发：周文王次子，名发，因其长兄伯邑考死而被立为太子，后继位为君，是为武王，伐纣灭商后，建立周朝。

〔译文〕

文王卧病在床，召见太公望，太子发在身边陪伴。文王对太公说："唉！上天将要遗弃我了，周国的社稷就托付给你了。现在我想学习古代圣王的至理名言，将其明确地传授给我的子孙。"

太公问："大王想问些什么事情呢？"文王说："古代圣王治理天下的方法，废弃的原因，兴盛的缘由，可以让我听一听吗？"

太公回答说："看见善事却懒得去做，时机来临却犹豫不决，知道有错却不思悔改，这三种情况，就是大道将要废弃的征兆。政策柔和并且居处清静，待人恭敬并且工作认真，自身强大却能以柔弱自居，能忍万物从而坚毅不屈，这四种情况，就是大道将要兴盛的征兆。所以道义压制贪欲，国家就会昌盛；贪欲压制道义，国家就会衰亡；勤敬胜过怠惰，做事情就会有好结果；怠惰胜过勤敬，做事情就难逃失败的厄运。"

六　守

文王问太公曰："君国主民者①，其所以失之者何也？"太公曰："不慎所与也。人君有六守②、三宝③。"

文王曰："六守何也？"太公曰："一曰仁，二曰义，三曰忠，四曰信，五曰勇，六曰谋：是谓六守。"文王曰："慎择六守者何？"太公曰："富之，而观其无犯；贵之，而观其无骄；付之，而观其无转；使之，而观其无隐；危之，而观其无恐；事之，而观其无穷。富之而不犯者，仁也；贵之而不骄者，义也；付之而不转者，忠也；使之而不隐者，信也；危之而不恐者，勇也；事之而不穷者，谋也。人君无以三宝借人，借人则君失其威。"

文王曰："敢问三宝。"太公曰："大农，大工，大商，谓之三宝。农一其乡则谷足，工一其乡则器足，商一其乡则货足。三宝各安其处，民乃不虑。无乱其乡，无乱其族。臣无富于君，都无大于国。六守长，则君昌；三宝完，则国安。"

〔注释〕

①君国主民：统治国家管理民众，这里的"君"和"主"都作动词。②六守：指六种选拔人才的标准。③三

宝：指三种关系国家经济命脉的大事。

〔译文〕

文王问太公说："治国御民的君主，失掉政权的原因是什么呢？"太公回答说："这是因为他没有慎重地将政务交给合适的人去料理。君主必须要做好六守、三宝。"

文王问："六守是什么意思呢？"太公回答说："一是仁爱，二是道义，三是忠贞，四是诚信，五是勇敢，六是智谋。这就是六守。"文王又问："怎样才能慎重地选拔具有这六种品德的人呢？"太公回答说："使他富有，看他是否违犯法度；令他显贵，看他是否骄横无礼；交给他重任，看他是否认真工作；派遣他外出，看他是否毫无隐瞒；让他身处险境，看他是否临危不惧；安排他去做事，看他是否有应变能力。富有却不违犯法度，就说明他具备仁爱之心；显贵而不骄横无礼，就说明他心中怀有道义；交给他重任而能尽职尽责，就说明他忠贞不二；派遣他外出而如实禀报，就说明他诚实可信；身处险境而毫不畏惧，就说明他勇毅果敢；处理问题能够随机应变，就说明他足智多谋。君主不能把三宝交给别人，交给别人的话，君主就会丧失他的权威。"

文王说："请问三宝的含义又是什么呢？"太公说："大力发展农业、工业、商业，这就是三宝。农民聚集在一个地方从事耕耘，当地的粮食就会变得充足；工匠聚集在一个地方从事生产，当地的器物就会变得充足；商人聚集在一个地方从事贸易，货物就会变得充足。从事这三种职业的人各司其职，安居乐业，民众就不会有忧虑了。不要让他们随意移居到别的地方，不要让这种经济结构变得混乱。大臣的财富不能超过君主，采邑的规模不能超过国都。具有六守品德的人多了，君主的事业就会兴盛；三宝得以发展完善，国家就可以长治久安了。"

守 土

文王问太公曰："守土奈何？"太公曰："无疏其亲，无怠其众；抚其左右，御其四旁。无借人国柄[1]，借人国柄则失其权。无掘壑而附丘[2]，无舍本而治末。日中必彗[3]，操刀必割，执斧必伐。日中不彗，是谓失时；操刀不割，失利之期；执斧不伐，贼人将来。涓涓不塞，将为江河；荧荧不救，炎炎奈何；两叶不去，将用斧柯[4]。是故人君必从事于富，不富无以为仁，不施无以合亲。疏其亲则害，失其众则败。无借人利器，借人利器则为人所害，而不终其正也。"

文王曰："何谓仁义？"太公曰："敬其众，合其亲。敬其众则和，合其亲则喜，是谓仁义之纪。无使人夺汝威。因其明，顺其常。顺者任之以德，逆者绝之以力。敬之无疑，天下和服。"

〔注释〕

①无借人国柄：不要把国家的权柄交给别人。《老子》

六韬·三略

戒酒防微

　　事物的发展由小及大,小错改起来容易,大错改起来就很费力气,所以古人经常强调防微杜渐,治理国家尤其如此。大禹之时,有一人叫作仪狄,善造酒。他将酒进上大禹,禹饮其酒,甚是甘美,遂说道:"后世之人,必有放纵于酒以致亡国者。"于是疏远仪狄,再不许他觐见。

说："国之利器不可以示人。"《韩非子·喻老》解释说："赏罚者，邦之利器也，在君则制臣，在臣则胜君。"下文所说的"无借人利器"也是这个意思。②无掘壑而附丘：不要挖坑取土以加高小山，意为不要损害下级的利益来满足上级的需要。③日中必彗：中午阳光强烈，正好用来晒东西，比喻作事要当机立断，不可贻误良机。④斧柯：斧柄。

〔译文〕

　　文王问太公说："守卫国土应该怎么做呢？"太公回答说："不要疏远了宗亲，不要怠慢了民众；安抚左右邻邦，控制天下四方。不要让国家的权柄落到别人手中，如果授人以柄，君主就失去权威。不要损害下级的利益来满足上级的需要，不要舍弃根本问题去计较细枝末节。太阳在正午时，正好可以晒东西；手中握有利刃时，正好可以收割粮食；手中拿着战斧时，正好可以攻伐。太阳当空却不晒东西，这就是坐失良机；手握利刃却不收割，这就是耽误农时；拿着斧钺却不攻伐，坏人就趁机作乱。细小的水流不被堵塞，就能汇聚成江河；微弱的火苗不去扑灭，燃成大火将不可收拾；两片嫩芽不被摘除，以后就要用斧头砍伐。因此，君主一定要致力于使国家变得富强，不富强就谈不上仁义，不施以恩惠就无法团结宗亲。疏远了宗亲就会有危害，失去了民心就会走向失败。不要将治国的利器交给别人，如果大权旁落，就会被他人所害，从而不能得到善终。"

　　文王问："什么是仁义呢？"太公回答说："恭敬地对待民众，诚挚地团结宗亲。恭敬地对待民众就会和谐，诚挚地团结宗亲就会喜悦，这就是施行仁义的要领。不要让人削夺了你的权威，因循自己的明智，顺应常理行事。对于顺从的人就以仁德去任用他，对于违逆之人就用武力消灭他。以这种恭敬谨慎的态度治理国家，并且毫不怀疑地执行下去，天下人自然就会和谐顺服了。"

守 国

文王问太公曰："守国奈何？"太公曰："斋①，将语君天地之经，四时所生，仁圣之道，民机之情。"王即斋七日，北面再拜而问之②。

太公曰："天生四时，地生万物。天下有民，仁圣牧之。故春道生，万物荣；夏道长，万物成；秋道敛，万物盈；冬道藏，万物寻。盈则藏，藏则复起，莫知所终，莫知所始。圣人配之，以为天地经纪。故天下治，仁圣藏；天下乱，仁圣昌：至道其然也。圣人之在天地间也，其宝固大矣。因其常而视之，则民安。夫民动而为机，机动而得失争矣。故发之以其阴③，会之以其阳④，为之先唱，天下和之。极反其常，莫进而争，莫退而让。守国如此，与天地同光。"

〔注释〕

①斋：斋戒。古人在祭祀等重要仪式之前，通过沐浴更衣、不喝酒、不吃荤、不与妻妾同寝等方式表示虔诚庄敬的态度。②北面：面向北行礼，为下级对上级、晚辈对长辈的礼仪。君主面南而坐，周文王对太公望北面而拜，以此表示敬意。③发之以其阴：暗中积蓄力量。发，孕育。阴，暗中。④会之以其阳：公开处理问题。会，会面，这里引申为处理。阳，公开。

〔译文〕

文王问太公说："使国家长治久安应该怎么做呢？"太公回答说："先去斋戒，然后我就将跟你说一说天地变化的基本规律，四季运行的不同情况，仁圣之君治理天下的方法，民众心中的各种意愿。"文王随即斋戒了七天，向北面拜了又拜，询问太公国家的长治久安之道。

太公说："上天生成四季，大地养育万物。天下的民众，由仁圣之君来统治。所以春天的特点是萌发，使万物能够繁荣；夏天的特点是生长，使万物能够成熟；秋天的特点是收获，使万物能够充盈；冬天的特点是消藏，使万物能够隐匿。充盈之后就是消藏，消藏之后就又起而复生，不知道到哪里才算结束，也不知道从哪里才算开始。圣人根据自然规律调配万物，以此作为天地之间通行的法则。因此天下和平安定的时候，仁圣之君的作用就隐匿起来；天下动乱不安的时候，仁圣之君的作用就显现出来：时间的真理正是如此。圣人立于天地之间，他的作用自然是非常重要的。因循常理来对待天下之事，百姓就会过得安定。然而民心浮动就会产生不安定因素，不安定因素一旦被触发，就会出现得失之争了。所以要暗中积蓄力量，公开处理问题，率先倡导民众，这样就能得到全天下的响应。当天下形势由大乱恢复到正常状态的时候，不要站出来争夺功劳，也不要躲起来推脱谦让。使国家长治久安的原则就是这样，做到以上几点就可以像天地那样赢得人们永久的尊敬了。"

上 贤

文王问太公曰："王人者何上何下①？何取何去？何禁何止？"太公曰："王人者上贤②，下不肖；取诚信，去诈伪；禁暴乱，止奢侈。故王人者有六贼七害。"

文王曰："愿闻其道。"太公曰："夫六贼者，一曰，臣有大作宫室池榭，游观倡乐者，伤王之德；二曰，民有不事农桑，任气游侠，犯历法禁，不从吏教者，伤王之化；三曰，臣有结朋党，蔽贤智，郭主明者，伤王之权；四曰，士有抗志高节，以为气势，外交诸侯，不重其主者，伤王之威；五曰，臣有轻爵位，贱有司，羞为上犯难者，伤功臣之劳；六曰，强宗侵夺，陵侮贫弱者，伤庶人之业。

〔注释〕

①王人者：为人之君者，即人君。②上贤：也作"尚贤"，推崇贤能之人。《墨子》有《尚贤》篇，《老子》有

"不尚贤，使民不争"之语。

〔译文〕

文王问太公说："对于君王来说，什么样的人应该尊崇，什么样的人应该贬抑？什么样的人应该任用，什么样的人应该驱逐？什么样的事应该杜绝，什么样的事应该制止？"太公回答说："君王应该尊崇贤能之人，贬抑不贤之人；任用诚实守信之人，驱逐奸诈伪善之人；杜绝残暴昏乱的现象，制止奢侈挥霍的行为。所以君王应该警惕六种有害之事、七种有害之人。"

文王说："我想听一听其中的道理。"太公说："这六种有害之事，一是臣下有大兴土木修建宫室亭台，专供游玩观赏舞乐的行为，这样就损害了君王的恩德；二是民众有不务农种桑，放任自流，危害社会，触犯法度的行为，这样就损害了君王的教化；三是臣下有结党营私，排挤忠良，蒙蔽主上的行为，这样就损害了君王的权力；四是士人有标榜节操，自负清高，在外私下结交诸侯，不尊重自己君主的行为，这样就损害了君王的威信；五是臣下有轻视君主授予的爵位，轻视各级官吏，不屑于为君上排忧解难的行为，这样就损害了功臣的成绩；六是豪门大族侵夺他人财物，欺凌贫弱之人，这样就损害了平民的产业。

"七害者，一曰，无智略权谋，而以重赏尊爵之故，强勇轻战，侥幸于外，王者慎勿使为将；二曰，有名无实，出入异言，掩善扬恶，进退为巧，王者慎勿与谋；三曰，朴其身躬，恶其衣服，语无为以求名，言无欲以求利，此伪人也，王者慎勿近；四曰，奇其冠带，伟其衣服，博闻辩辞，虚论高议，以为容美，穷居静处，而诽时俗，此奸人也，王者慎勿宠；五曰，谗佞苟得，以求官爵，果敢轻死，以贪禄秩，不图大事，得利而动，以高谈虚论，说于人主，王者慎勿使；六曰，为雕文刻镂，技巧华饰，而伤农事，王者必禁之；七曰，伪方异伎①，巫蛊左道，不祥之言，幻惑良民，王者必止之。

〔注释〕

①伪方异伎：医卜、星相与养生炼丹之类的技术。

〔译文〕

"这七种有害之人，一是毫无智慧谋略的人，然而为了获得丰厚的赏赐和尊贵的爵位，依仗着勇猛之气轻率出战，企图侥幸取胜立功，君主切勿使这种人做将领；二是徒有虚名而毫无实际才能，在不同场合说的话互相矛盾，掩盖他人的好处而宣扬他人的坏处，到处投机取巧，君主千万不要让这种人参与谋划；三是有着朴素的外表，穿着破旧的衣服，借着清静无为的说辞谋求功名，凭着无欲无求的态度追逐利禄，这是虚伪的人，君主千万不要接近这种人；四是穿戴着奇伟瑰丽的衣冠，表现出丰富的见识，并且能言善辩，漫无边际地高谈阔论，以此为自己增添荣耀，不得志时躲在一旁，抨击时事诽谤世俗，这是奸诈的人，君主千万不要宠信这种人；五是通过谗媚获取利益，以此谋求官职爵位，冲动鲁莽不顾生死，以此谋求高官厚禄，从不顾全大局，见到小利就立即行动，说着浮夸的言辞，用来取悦君主，君主千万不要任用这种人；六是专门从事雕琢刻镂精美纹饰，用纯熟的技巧打造华丽的装饰物，然而对发展农耕却毫无益处，君主必须对这种人的行为加以禁绝；七是专门从事骗人的方术和狡诈的技艺，用邪门歪道的巫术陷害他人，以不吉利的言语迷惑善良的民众，大王必须对这种人的行为加以制止。

"故民不尽力，非吾民也；士不诚信，非吾士也；臣不忠谏，非吾臣也；吏不平洁爱人，非吾吏也；相不能富国强兵，调和阴阳，以安万乘之主①，正群臣，定名实，明赏罚，乐万民，非吾相也。夫王者之道如龙首，高居而远望，深视而审听，示其形，隐其情。若天之高，不可极也；若渊之深，不可测也。故可怒而不怒，奸臣乃作；可杀而不杀，大贼乃发；兵势不行，敌国乃强。"文王曰："善哉！"

〔注释〕

①万乘之主：大国之君。一车四马为一乘，天子地方千里，有兵车万乘，诸侯地方百里，有兵车千乘，战国时少数诸侯也成为拥有万乘兵车的君主。

〔译文〕

"所以民众不能尽职尽责耕田种桑的，就不是我的国民；士人不能诚实守信出使别国的，就不是我的士人；臣子不能尽忠直谏的，就不是我的臣下；官吏不能公正廉洁爱护百姓的，就不是我的官吏；宰相不能富国强兵，调和阴阳二气，使一国之君安心，规范群臣的言行，使事物的名称与实质相符，严明赏罚，使万民安乐，就不是我的宰相。君王的作用就像龙头，居高临下而举目远望，深刻注视而仔细聆听，显露出庄严的外表，隐藏内心的感受，就像苍天的高度不可企及，就像潭渊的深度无法测量。所以君王在应该发怒的时候不发怒，奸佞之臣就会起来作乱；对应该杀的人不杀，更大的灾祸就会一触即发；不去征讨有罪的邦国，敌对之国就会趁机强盛起来。"文王说："说得太好了！"

举　贤

文王问太公曰："君务举贤而不获其功，世乱愈甚以致危亡者，何也？"太公曰："举贤而不用，是有举贤之名，而无用贤之实也。"

文王曰："其失安在？"太公曰："其失在君好用世俗之所誉，而不得真贤也。"

〔译文〕

文王问太公说："君主选拔人才却无法收到实效，世道越发混乱，使国家陷入危亡的境地，这是什么原因呢？"太公回答说："选拔人才却不加以任用，是空有举贤的虚名，而没有用贤的实质。"

文王说："这种过失的根源在什么地方呢？"太公回答说："过失在于君主喜欢任用世间庸俗者所称誉的人，

旌贤去奸

选拔人才首先要能区分贤与不肖,重用贤人,除绝佞人,是国家安定的保证。

六韬·三略

却无法得到真正的贤士。"

文王曰："何如？"太公曰："君以世俗之所誉者为贤，以世俗之所毁者为不肖，则多党者进，少党者退。若是，则群邪比周而蔽贤①，忠臣死于无罪，奸臣以虚誉取爵位。是以世乱愈甚，则国不免于危亡。"

文王曰："举贤奈何？"太公曰："将相分职，而各以官名举人。按名督实，选才考能，令实当其名，名当其实，则得举贤之道也。"

〔注释〕

①比周：结党营私。

〔译文〕

文王又问："这是什么原因呢？"太公回答说："君主把世间庸俗者所称誉的人视为贤能之士，把世间庸俗者所诋毁的人视为不贤之人，那么势力强大的人就会被选用，势单力薄的人就会被辞退。像这样的话，那些奸邪小人就会结党营私而排挤真正的贤能之士，忠贞之臣就会死于莫须有的罪名，奸佞之臣就会凭借虚假的荣誉骗取爵位。所以世道更加混乱，国家就难以避免走向危亡的结果了。"

文王问："那么选拔人才应该怎样做呢？"太公回答说："将文武官员的职权分开，根据不同官职的需要选举人才。按照他们的职务来考察实质，对选拔上来的人才进行能力考核，使每一名官吏的才能配得上所担任的职务，

三〇

名声与实质相符，这样就掌握选拔人才的方法了。"

赏　罚

　　文王问太公曰："赏所以存劝，罚所以示惩。吾欲赏一以劝百，罚一以惩众，为之奈何？"太公曰："凡用赏者贵信，用罚者贵必。赏信罚必于耳目之所闻见，则所不闻见者莫不阴化矣。夫诚畅于天地，通于神明，而况于人乎！"

〔译文〕

　　文王问太公说："奖赏用来勉励人们积极进取，刑罚用来警示人们注意言行。我想通过奖赏一个人来达到勉励百人的作用，通过惩罚一个人达到警示众人的效果，应该怎么做呢？"太公回答说："凡是实施奖赏的都贵在守信，实施惩罚的都贵在必行。有功必赏而有过必罚，让人们听得见看得着，那么听不见看不着的人也会潜移默化地受到影响了。诚信畅行于天地，通达于神明，何况对于普通人呢？"

兵　道

　　武王问太公曰："兵道何如？"太公曰："凡兵之道，莫过乎一①。一者，能独往独来。黄帝曰：'一者，阶于道，几于神。'用之在于机，显之在于势，成之在于君。故圣王号兵为凶器，不得已而用之。今商王知存而不知亡②，知乐而不知殃。夫存者非存，在于虑亡；乐者非乐，在于虑殃。今王已虑其源，岂忧其流乎！”

武王曰：“两军相遇，彼不可来，此不可往，各设固备，未敢先发。我欲袭之，不得其利，为之奈何？”太公曰：“外乱而内整，示饥而实饱，内精而外钝。一合一离，一聚一散。阴其谋，密其机，高其垒，伏其锐士，寂若无声，敌不知我所备。欲其西，袭其东。”

武王曰：“敌知我情，通我谋，为之奈何？”太公曰：“兵胜之术，密察敌人之机，而速乘其利，复疾击其不意。”

〔注释〕

①一：政令统一。②商王：指纣王，即帝辛，商朝末代帝王。

〔译文〕

武王问太公说：“用兵讲究哪些方法呢？”太公回答说：“凡是用兵的方法没有比得上政令统一的。做到了政令统一，就能使军队在行动的过程中不受任何牵制。黄帝说：‘用兵时政令统一，就能循序渐进地通向真理，接近神妙莫测的境界。'带兵打仗在于把握有利战机，彰显威力在于集中优势兵力，建立功业在于君主的作为。所以古代圣王说兵器是不祥之物，只有在被逼无奈的情况下才发动战争。现在的商王只知道自己的统治还存在，却不知道自己的政权快要灭亡了，只知道沉湎于声色犬马之乐，却不知道马上就要面临灾祸。存在的不会永远存在，关键在于思虑避免灭亡；快乐的不会永远快乐，关键在于思虑避免灾祸。现在大王已经考虑到关系国家长治久安的根本问题，又何必为那些细枝末节的问题感到担忧呢！"

武王说："两军相遇于阵前，对方攻不过来，我方攻不过去，双方都设置了坚固的防御工事，没有一方敢率先发起攻击。现在我想对敌人发起进攻，却无法找到有利时机，应该怎么做才好呢？"太公回答说："外部佯装混乱而内部整齐严谨，表现出饥饿无力的样子而实际上粮草充足，内部配备精良的武器而外部展示出粗劣的装备。让军队时而联合时而离去，时而聚集时而解散。隐藏作战的部署，保守行动的机密，加高防御的堡垒，埋伏精锐的将士，使整个军队寂静得好像一点声音都没有，让敌人不知我方的准备。打算进攻对方的西边，但是佯装袭击东边。"

武王问："如果敌人已经知道了我方的情况，打探到我方的作战部署，应该怎么做才好呢？"太公说："带兵战胜对方的策略，在于秘密侦察敌人行动的时机，然后迅速占据有利形势，再趁他们不注意的时候发动突然袭击。"

武韬

发启

文王在酆召太公①，曰："呜呼！商王虐极，罪杀不辜。公尚助予忧民②，如何？"

太公曰："王其修德以下贤惠民，以观天道。天道无殃，不可先倡；人道无灾，不可先谋。必见天殃，又见人灾，乃可以谋；必见其阳，又见其阴，乃知其心；必见其外，又见其内，乃知其意；必见其疏，又见其亲，乃知其情。行其道，道可致也；从其门，门可入也；立其礼，礼可成也；争其强，强可胜也。全胜不斗，大兵无创，与鬼神通。微哉！微哉！与人同病相救，同情相成，同恶相助，同好相趋。故无甲兵而胜，无冲机而攻③，无沟堑而守。

〔注释〕

①酆：周旧都，文王所建，在今陕西西安西南，沣河西岸。后武王于沣河东岸建镐京，与之合称"丰镐"。②公尚：指太公。忧民：为民担忧，这里指拯救天下百姓。③冲机：古代战争中用于冲锋的机械，如云梯或冲车。

烽火戏诸侯

  商纣王是中国历史上有名的暴君,他穷兵黩武,宠信妲己,不理朝政,耽于酒色,暴敛重刑,导致民怨四起。周武王东伐至盟津,诸侯叛商者八百;战于牧野,纣军败,自焚于鹿台。

〔译文〕

　　文王在丰邑召见太公望，他说："唉！商王现在残暴到了极点，任意杀害无辜。你协助我来拯救天下百姓，怎么样？"

　　太公回答说："大王要修持仁德，礼贤下士，对民众施以恩惠，来观察天道吉凶。如果上天没有降下灾祸，不可以率先倡议讨伐暴政；人间没有发生灾祸，不可以率先谋划出动军队。必须在看到上天降下灾祸，同时又看到人间发生灾祸的时候，才能进一步谋划起兵之事；必须在看到显露在外的表象，又看到隐藏在内的本质的时候，才能知道人心所向；必须在看到外在的一面，又看到内在的一面的时候，才能知道人们的意图；必须在看到哪些人被疏远，又看到哪些人被亲近的时候，才能知道人们的感情。按照这一方法去实践人间正道，大道就可以实现；遵循这一途径寻找理想之门，大门就可以进去；根据这一原则制定礼法，礼法就可以确立；凭借这一原则竞争强敌，强敌就可以战胜。不需与敌人交战而大获全胜，军队出征作战而自身完好无损，这种精妙的智慧甚至可以与鬼神相通。真微妙啊！真微妙啊！在与他人患有同样疾病的情况下能够相互救治，具有同样感情的情况下能够相互扶持，对于共同厌恶的一起铲除，对于共同爱好的一起追求。所以没有军队也能取胜，没有冲车也能进攻，没有壕沟也能防守。

　　"大智不智，大谋不谋，大勇不勇，大利不利。利天下者，天下启之[①]；害天下者，天下闭之[②]。天下者，非一人之天下，乃天下之天下也。取天下者，若逐野兽，而天下皆有分肉之心；若同舟而济，济则皆同其利，败则皆同其害：然则皆有启之，无有闭之也。无取于民者，取民者也；无取于国者，取国者也；无取于天下者，取天下者也。无取民者，民利之；无取国者，国利之；无取天下者，天下利之。故道在不可见，事在不可闻，胜在不可知。微哉！微哉！鸷鸟将击③，卑飞敛翼；猛兽将搏，弭耳俯伏；圣人将动，必有愚色。

〔注释〕

①启：打开，这里引申为拥戴。②闭：关闭，这里引申为反对。③鸷鸟：猛禽，如鹰、雕、隼等。

〔译文〕

"真正的智慧是不显现在外的智慧；真正的谋略是不显现在外的谋略；真正的勇敢是不显现在外的勇敢；真正的利益是不显现在外的利益。造福天下的人，天下人拥戴他；危害天下的人，天下人反对他。天下，并不是属于一个人的天下，而是天下人共有的天下。夺取天下的人，就好像追逐野兽，天下人都有分得一块肉的想法；又好像同乘一条船渡河，能渡过去大家就都能享有这份好处，渡不过去大家都会一起承担损失：既然这样，那么天下人就都能拥戴他，没有反对他的了。看上去丝毫没有从民众那里获取利益的，实际上已经得到了民众的欢迎；看上去丝毫没有从国家那里获取利益的，实际上已经得到了那个国家的支持；看上去丝毫没有从天下获取利益的，实际上已经得到了全天下的拥戴。不从民众那里索取，民众自然会给他利益；不从国家那里索取，国家自然会给他利益；不从天下索取，天下人自然会给他利益。所以天道是微妙而难以看见的，人事是隐秘而无法听到的，胜利是巧妙而不能知晓的。真微妙啊！真微妙啊！猛禽将要攻击猎物之前，必定先低空飞行，收起双翼；野兽将要与对手搏击之前，必定先帖起耳朵，俯下身体；圣人将要行动之前，必定先表现出愚笨的样子。

"今彼殷商①，众口相惑，纷纷渺渺，好色无极：此亡国之征也。吾观其野，草菅胜谷；吾观其众，邪曲胜直；吾观其吏，暴虐残贼，败法乱刑，上下不觉：此亡国之时也。大明发而万物皆照，大义发而万物皆利，大兵发而万物皆服。大哉圣人之德！独闻独见，乐哉！"

〔注释〕

①殷商：商朝。商朝前期频繁迁都，第二十位帝王盘庚迁都于殷（今河南安阳小屯）之后，政权趋于稳定，因此又称殷商。

〔译文〕

"现在他们殷商流言蜚语惑乱人心，朝野上下纷纷扰扰，帝王沉溺于酒色不可自拔：这是国家将要灭亡的征兆。我观察他们的田野，杂草多于五谷；我观察他们的民众，奸邪多于忠良；我观察他们的官吏，凶暴残忍，祸害百姓，败坏礼法，乱施酷刑，然而君臣上下却都没有意识到其中的危害：这是国家将要灭亡的时候了。太阳放出光芒，世间万物都沐浴在阳光里；道义得以伸张，世间万物都享受其利益；大军集结出发，世间万物都会因为这种威德而归服。真伟大啊，古代圣王的仁德！独到的见解，真是令人感到快乐啊！"

文　启

文王问太公曰："圣人何守？"太公曰："何忧何啬，万物皆得；何啬何忧，万物皆遒。政之所施，莫知其化；时之所在，莫知其移。圣人守此而万物化，何穷之有？终而复始！优之游之[1]，展转求之；求而得之，不可不藏；既以藏之，不可不行；既以行之，勿复明之。夫天地不自明，故能长生；圣人不自明，故能名彰。

〔注释〕

①优之游之：悠闲自得的样子。

〔译文〕

文王问太公说："圣人治理天下应该遵循什么原则呢？"太公回答说："不要忧虑，不要吝惜，万物自然会各得其所；不要吝惜，不要忧虑，万物自然会茁壮成长。

施行政令，使人潜移默化地受到影响；时间流逝，让人感觉不到其中的变化。圣人能遵循这一原则，万物就会自我开化，无穷无尽，周而复始。这样悠闲自得地运转，反复不停地追求；已经追求到了，就必须将其隐藏在内心深处；已经隐藏在心中了，就必须在治理天下的过程中施行；已经施行了，就没必要再公诸于众了。天地不自我宣扬，所以能长久地运行；圣人不自我宣扬，所以能使名声得以彰显。

"古之圣人，聚人而为家，聚家而为国，聚国而为天下，分封贤人以为万国[1]，命之曰大纪。陈其政教，顺其民俗，群曲化直，变于形容。万国不通，各乐其所，人爱其上，命之曰大定。呜呼！圣人务静之，贤人务正之，愚人不能正，故与人争。上劳则刑繁，刑繁则民忧，民忧则流亡，上下不安其生，累世不休，命之曰大失。天下之人如流水，障之则止，启之则行，静之则清。呜呼，神哉！圣人见其所始，则知其所终。"

〔注释〕

①分封：分赐土地，授予爵位。周代封建制为逐级分封，天子分封诸侯，诸侯分封卿大夫。

〔译文〕

"古代的圣人，把人聚集在一起组成家，把家聚集在一起组成国，把国聚集在一起组成天下，分封贤能之人，作为万国的诸侯，这是治理天下的根本制度。诸侯遵循本国原有的政治教化，顺从原有的民俗风情，让百姓的不正当行为改正过来，从而移风易俗。每个国家的情况各不相同，但是遵循这一原则仍然可以使人们各得其所，百姓爱戴他们的君上，这是真正的安定太平。唉！古代圣人以清静为要务，贤人以公正为要务，愚人不能心存公正，所以要与他人争夺。居高位者就会频繁使用刑罚，滥用刑罚就会使民众感到担忧，民心忧惧就会逃亡他乡，朝野上下不能安分宁静，连续几代都得不到休养，这是政策的最大失误。天下民心就像流水一样，阻碍它就停止不前，引导它就奔流而行，静止它就清澈洁净。唉，真神奇啊！圣人见证了它的开始，就能知道它的结局。"

文王曰："静之奈何？"太公曰："天有常形[1]，民有常生[2]，与天下共其生，而天下静矣。太上因之，其次化之，夫民化而从政。是以天无为而成事，民无与而自富，此圣人之德也。"文王曰："公言乃协予怀，夙夜念之不忘，以用为常。"

〔注释〕

①天有常形：上天有一定的运行规律。②民有常生：民众有一定的生活习惯。

〔译文〕

文王又问："怎样做才能使天下清静呢？"太公回答说："上天有一定的运行规律，民众有一定的生活习惯，君主能与天下人共同遵循这种生活习惯，天下民心就自然清静无事了。上天遵循这些规律，然后以此教化世间万物，百姓因此受到教化而服从政令。所以上天清静无为而能成大事，百姓无需施与却能自然富足，这就是圣人的恩德。"文王说："你的话正合我意，我会时刻将其铭记于心，作为治理国家的基本原则。"

文　伐

文王问太公曰："文伐之法奈何①？"

太公曰："凡文伐有十二节：

"一曰因其所喜，以顺其志，彼将生骄，必有好事；苟能因之，必能去之。

"二曰亲其所爱，以分其威，一人两心，其中必衰；廷无忠臣，社稷必危。

"三曰阴赂左右，得情甚深；身内情外，国将生害。

"四曰辅其淫乐，以广其志，厚赂珠玉，娱以美人；卑辞委听，顺命而合，彼将不争，奸节乃定。

"五曰严其忠臣，而薄其赂；稽留其使，勿听其事，亟为置代②；遗以诚事，亲而信之。其君将复合之。苟能严之，国乃可谋。"

〔注释〕

①文伐：使用非军事手段打击敌人。《武经七书汇解》解释说："以文事伐人，不用交兵接刃而伐之也。"②亟为置代：极力促成对方改派使者。

〔译文〕

文王问太公说："用非军事的手段打击敌人，应该怎么做呢？"

太公回答说："大凡以非军事的手段打击敌人，其方法有十二条：

"一是根据对方君主的喜好，顺从他的愿望，那么他们就会产生骄傲自满的思想，必定会做出奸邪之事；假使我方能趁机行事，一定可以除掉他们。

"二是亲近对方君主的宠臣，利用这个人的威信，一个人怀有贰心，他的忠诚度必定会衰减；这个时候对方君主就没有忠臣来辅佐了，这个国家必定陷入危亡的境地。

"三是暗中收买对方君主身边的人，与他们建立起深厚的情谊；这些人虽然身在朝中，心却向着我方，这个国家必定会产生祸患。

"四是满足对方君主的淫乐欲望，增进他贪功好利的想法，送给他珠宝玉器等丰厚的礼物，用美女供他娱乐；用谦卑的语言奉承他，委身服从他的命令，迎合他的心意，他将会丧失斗志，奸邪荒淫的行为于是也就形成了。

"五是尊敬对方君主手下的忠臣，适当送给他们一些微薄的礼物；扣留对方派来的使者，故意拖延时间不与之交涉，极力促成对方改派使者，然后与新派来的使者诚恳协商，使其亲近并信任我方，从而使对方君主与我方重新修好，如果真的能通过假装尊敬敌国忠臣的方式实施离间，就可以谋划夺取这个国家了。"

六韬·三略

"六曰收其内，间其外；才臣外相①，敌国内侵，国鲜不亡。

"七曰欲锢其心，必厚赂之；收其左右忠爱，阴示以利，令之轻业，而蓄积空虚。

"八曰赂以重宝，因与之谋，谋而利之。利之必信，是谓重亲②。重亲之积，必为我用。有国而外，其地大败。

"九曰尊之以名，无难其身；示以大势，从之必信。致其大尊，先为之荣；微饰圣人，国乃大偷③。"

〔注释〕

①外相：去其他国家担任宰相。战国时期有将大臣外派至其他国家任相国的风气，目的在于通过结盟对付第三国，外派的大臣同时也起到人质的作用。秦昭襄王曾任命齐国孟尝君为相，吕不韦也曾派张唐去燕国为相。②重亲：多次以重金收买对方，使之与本方亲近，为己所用。③国乃大偷：国家政务懈怠废弛。

〔译文〕

"六是收买敌国内部的人，离间他们外派的人；派遣有才干的大臣去敌国担任宰相，这种情况下如果有一个国家去攻打这个国家，很少会有不灭亡的。

"七是要想禁锢对方君主的意志，就必须用丰厚的礼物贿赂他；收买他身边的忠臣与宠臣，暗中许诺给他们好处，让他们荒废自己的事业，从而将储藏的资财消耗殆尽。

"八是用厚重的宝物贿赂对方的重臣，顺便跟他们谋划，在谋划之后再给他好处。他们得到好处之后必定信任我方，这种手段叫作'重亲'。多次收买之后，他们必定为我所用，在自己的国家任职却为别的国家做事，这个国家必定遭受惨败。

"九是以盛名尊崇对方君主，不要用纷繁的事务去麻烦他；向他陈述天下大势，如果他能听从就必定会相信；致使对方妄自尊大之后，先让他们感到荣耀，稍微以圣人之德来夸饰，这个国家的政务一定会懈怠废弛。"

"十曰下之必信，以得其情，承意应事，如与同生。既以得之，乃微收之。时及将至，若天丧之。

"十一曰塞之以道，人臣无不重贵与富，恶死与咎；阴示大尊，而微输重宝，收其豪杰；内积甚厚，而外为乏；阴纳智士使图其计，纳勇士使高其气；富贵甚足，而常有繁滋；徒党已具，是谓塞之；有国而塞，安能有国？

"十二曰养其乱臣以迷之，进美女淫声以惑之，遗良犬马以劳之，时与大势以诱之。上察而与天下图之。

"十二节备，乃成武事。所谓上察天，下

察地，征已见^{xiàn}，乃伐之。"

〔译文〕

"十是以谦卑的态度去事奉敌国君臣，并取得他们的信任，从而打探他们的虚实，顺从对方的心意去做事，相处得像亲兄弟一样融洽。已经得到了敌国的情况，就可以秘密采取行动。等到时机到来，这个国家就像上天注定一样必定走向灭亡。

"十一是离间对方君臣关系，以阻塞其君主视听，大臣没有不希望高贵与富有的，没有不厌恶危险和灾祸的；我方暗中以尊贵的名位许诺对方，并且悄悄奉送贵重的宝物，收买敌国有地位有势力的人；我方内部积蓄非常丰厚，然而对外却要给人一种物资贫乏的样子；暗中结交才智之士来谋划战胜对方的计策，收纳勇猛之士来提高我方的士气；让他们享受富贵，同时再不断满足他们的需要；他们因此结成了派系，就会阻塞对方君主的视听；大臣进谏的言路被阻塞，这个国家还怎么能生存下去呢？

"十二是扶植敌国的奸佞之臣来迷惑君主的心智，进献美丽女子和放荡乐声来消弭君主的意志，赠送良犬骏马来使君主的身体疲劳，不时用虚假的形势分析使他受到诱惑，上天明察之后，再与天下人共同谋划攻取这个国家。

"这十二种方法如果全都能做到，就可以进一步采取军事行动，这就是人们所说的上观察天时，下观察地利，征兆已经很明显了，就可以举兵讨伐了。"

顺　启

文王问太公曰："何如而可为天下？"太

公曰："大盖天下①，然后能容天下；信盖天下，然后能约天下；仁盖天下，然后能怀天下；恩盖天下，然后能保天下；权盖天下，然后能不失天下；事而不疑，则天运不能移，时变不能迁；此六者备，然后可以为天下政。故利天下者，天下启之；害天下者，天下闭之。生天下者，天下德之；杀天下者，天下贼之。彻天下者，天下通之；穷天下者，天下仇之。安天下者，天下恃之；危天下者，天下灾之②。天下者，非一人之天下，唯有道者处之。"

〔注释〕

①大盖天下：器量覆盖天下。②灾之：以之为灾，把他当作灾害，意为像躲避灾害那样背弃他。

〔译文〕

文王问太公说："怎么才能治理好天下呢？"太公回答说："器量覆盖天下，然后就能做到包容天下；诚信覆盖天下，然后就能做到约束天下；仁德覆盖天下，然后就能做到胸怀天下；恩泽覆盖天下，然后就能做到保有天下；权力覆盖天下，然后就能做到不失去天下；做事情能毫不犹豫，那么天命就不会改变，世道也不会更迁：做到这六个方面，然后就可以处理全天下的政务。所以造福天下的，天下人就会拥戴他；为祸天下的，天下人就会反对他；使天下人得以生存的，天下人就会称颂他；残害天下的，天下人就会摧毁他；顺应天下的，天下人就会理解他；榨取天下的，天下人就会憎恨他；使天下安定的，天下人就会依赖他；给天下人带来危难的，天下人就会背弃他。天下，并不是属于一个人的天下，只有按照正道治理天下的人才能长久居处君位。"

三 疑

武王问太公曰："予欲立功，有三疑，恐力不能攻强、离亲、散众，为之奈何？"太公曰："因之，慎谋，用财。夫攻强必养之使强，益之使张。太强必折，太张必缺；攻强以强，离亲以亲，散众以众。

〔译文〕

武王问太公说："我想建立功业，但是有三个疑问，担心我方的兵力不能打败敌人强大的军队、不能离间敌人的亲信、不能瓦解敌人的部众，应该怎么做呢？"太公说："这要视具体情况来采取措施，谨慎地谋划计策，适当地使用财力。攻打强大的敌人，一定要纵容他而使其骄横之气更加强盛，怂恿他而使其狂妄之气更加张扬。气势太强盛必定容易遭受挫折，气焰太嚣张的必定容易露出破绽；通过助长敌人的骄横消灭对方，通过收买敌人的亲信离间对方，通过争取敌人的部众瓦解对方。

"凡谋之道，周密为宝。设之以事，玩之以利，争心必起。欲离其亲，因其所爱，与

西施、郑旦

　　西施、郑旦是春秋末期越国美人。时越国称臣于吴国，越王勾践卧薪尝胆，图谋复国，把西施和郑旦献给吴王夫差，成为吴王最宠爱的妃子，把吴王迷惑得众叛亲离，无心于国事，后吴国终被勾践所灭。

其宠人，与之所欲，示之所利，因以疏之，无使得志；彼贪利甚喜，遗疑乃止。凡攻之道，必先塞其明，而后攻其强，毁其大①，除民之害；淫之以色②，啗之以利，养之以味，娱之以乐。既离其亲，必使远民，勿使知谋，扶而纳之，莫觉其意，然后可成。惠施于民，必无爱财；民如牛马，数餧食之③，从而爱之。心以启智，智以启财，财以启众，众以启贤；贤之有启，以王天下。"

〔注释〕

①大：国之大者，这里指以军队为主的国家机器。②淫之：使之淫，让他变得放荡。③餧：同"喂"。

〔译文〕

"凡是谋划的方略，以周详严密最为重要。想方设法对付敌人，用利益引诱敌人，这样他们内部的争斗之心必定兴起。想离间对方君主的亲信，就要根据他的喜好，通过他所宠信的大臣，赠给他想要的东西，许诺给他丰厚的财物，顺应情势疏远他们之间的关系，使他们不能达到安定团结的目的；他们因为贪图利益而沾沾自喜，就不会再怀疑我方的图谋了。凡是攻伐的计策，一定先要阻塞对方君主的视听，然后进攻他强大的军队，毁坏他的国家机器，为天下民众除去祸害；用女色使他变得放荡，用丰厚的利益满足他的贪欲，用美食填满他的肚子，用颓靡的音乐使他沉醉其中。已经离间了他的亲信大臣，就一定会让他远离民众，不要让他知道我方的计谋，这样引诱敌人落入我方的圈套，使其无法察觉，然后就可以战胜他们了。对百姓施以恩惠，一定不能吝惜财物；民众就像牛马一样，多次喂养他们，他们就会跟追随并爱戴主人。心灵可以启迪智慧，智慧可以开启财源，财源可以引导民众，民众可以产生贤才，选贤任能的大门一旦开启，就可以凭借这一点称王于天下了。"

龙韬

王翼

武王问太公曰:"王者帅师,必有股肱、羽翼①,以成威神,为之奈何?"太公曰:"凡举兵帅师,以将为命,命在通达,不守一术;因能受职,各取所长,随时变化,以为纲纪。故将有股肱羽翼七十二人②,以应天道③。备数如法,审知命理,殊能异技,万事毕矣。"

武王曰:"请问其目?"太公曰:"腹心一人,主潜谋应卒④,揆天消变⑤,揔^{zǒng}揽计谋⑥,保全民命。"

〔注释〕

①股肱:大腿和上臂,比喻帝王左右的辅佐之臣。②七十二人:象征七十二候。古代以五天为一候,三候为一节气,一年为二十四节气、七十二候。古人根据气候的变化制定历法,指导农事。③天道:天象,自然运行的规律。④卒:同"猝",突然,这里指突发事件。⑤揆天消变:通过测度天象来消除灾变。⑥揔揽:全面掌握。揔,同"总"。

〔译文〕

武王问太公说:"君王率领军队出征作战,一定要有像股肱和羽翼这样重要的人在身边辅佐，这样才能打造成一支威武神圣的军队，应该怎么做呢？"太公回答说："凡是出兵作战之事，都要把将领视为军队命运的主宰，他的命令在于通权达变，不拘泥于某一套方法；根据他们的才能授予官职，发挥他们各自的特长，随着时局的变化作出调整，把这种做法确立为一项制度。所以像股肱和羽翼这样重要的将领要达到七十二人，以此与天道对应。按照天道运行的法则备齐人数，深刻地认识到天命所属，发挥他们的特殊技艺，这样就万事具备了。"

武王又问道："请问具体的措施是什么？"太公回答说："参与机密的有一人，主要负责出谋划策来应对突然事件，测度天象来消除灾变，全面掌握大政方针来保护民众的生命。"

"谋士五人，主图安危，虑未萌，论行能，明赏罚，授官位，决嫌疑，定可否。

"天文三人，主司星历①，候风气，推时日，考符验，校灾异，知天心去就之机。

"地利三人，主三军行止形势，利害消息；远近险易，水涸山阻，不失地利。

"兵法九人，主讲论异同，行事成败，简练兵器，刺举非法。

"通粮四人，主度饮食、（备）蓄积，通粮道，致五谷，令三军不困乏。

"奋威四人，主择材力，论兵革，风驰电

击，不知所由。"

〔注释〕

①星历：星象历法。

〔译文〕

"出谋划策的有五人，主要负责谋划军队行动的安危，思虑消除没有萌发的祸患，评价人才的品行和能力，严格施行奖励和刑罚，安排官吏的职位，判决疑难问题，定夺事情是否可行。

"精通天文的有三人，主要负责观察星象历法，观测风向与节气的变化情况，推断行动的吉凶日期，考察祥瑞与人事是否符合应验，比对灾异的变化情况，了解天下民众的人心所向。

"懂得地利的有三人，主要负责勘测行军宿营的地理状况，分析利弊的相互消长，打探路途的远近和地形的险阻平坦，察看水源的涸竭和高山的阻碍，使作战不失去地理优势。

"通晓兵法的有九人，主要负责讲解论述敌我双方战争形势的情况，分析研究作战成败的原因，演练各种武器装备，刺探举报军中不守军法的行为。

"管理粮草的有四人，主要负责计算饮食消耗，储备积蓄物资，疏通输送粮草的道路，筹集和运送粮食，使军队不出现困窘疲乏的状态。

"振奋威势的有四人，主要负责选拔贤能之才，挑选各种武器装备，做到发动进攻像风雷一样迅速和猛烈，使敌人无法得知我方的动向。"

"伏鼓旗三人，主伏鼓旗，明耳目，诡符节①，谬号令，暗忽往来，出入若神。

"股肱四人，主任重持难，修沟堑，治壁垒，以备守御。

"通材三人，主拾遗补过，应偶宾客[2]，论议谈语，消患解结。

"权士三人，主行奇谲，设殊异，非人所识，行无穷之变。"

〔注释〕

①符节：古代传达命令或征调军队的信物，多以金玉竹木制成，上面刻有文字，分为两半，使用时合在一起以验证真伪。②应偶：应酬接待。宾客：这里指使者。

〔译文〕

"执掌鼓旗的有三人，主要负责用战鼓和旗帜传达号令，明确军队行动的指令，使用假的兵符迷惑敌人，借助错的号令欺骗敌人，营造飘忽的氛围，行动有如神助般的变化莫测。

"贴身辅佐的有四人，主要负责处理重大事务，解决疑难问题，挖掘壕沟陷阱，修整营房堡垒，用来准备防御坚守的器具。

"学识渊博的有三人，主要负责查缺补漏，应酬接待外来的使者，品评他们的言论，从而消除隐患，解除疑团。

"善用权谋的有三人，主要负责策划奇谋诡诈之术，制造突发事件，让一般人难以识破，施行无穷无尽的权变。"

"耳目七人，主往来听言视变，览四方之事、军中之情。

"爪牙五人①，主扬威武，激励三军，使冒难攻锐，无所疑虑。

"羽翼四人，主扬名誉，震远方，摇动四境，以弱敌心。

"游士八人②，主伺奸候变，开阖人情③，观敌之意，以为间谍。

"术士二人④，主为谲诈，依托鬼神，以惑众心。

"方士二人⑤，主百药，以治金疮，以痊万病。

"法算二人⑥，主计会三军营壁、粮食、财用出入。"

〔注释〕

①爪牙：原指动物的利爪和尖牙，这里用来比喻勇武之士。②游士：四处游说之士，即纵横家。③开阖：开合，又称"捭阖"，纵横家分化、拉拢的策略。④术士：精通阴阳之术的人。⑤方士：懂得医药之术的人。⑥法算：军中管理财务的人。

〔译文〕

"外出侦察的有七人，主要负责打探敌人的言论，观察情势的变化，收集各国的政务、军队的情况。

"勇武有力的有五人，主要负责鼓舞士气，激励军队奋勇杀敌，使将士甘愿冒险冲锋，心中毫无顾虑和迟疑。

"侍卫左右的有四人，主要负责宣传我方声威，使之震撼四周，从而达到削弱敌军士气的目的。

"四处游说的有八人，主要负责收买对方阵营中的奸邪之人，等待形势出现变化，掌握敌人的动态，从而达到离间敌人和刺探情报的目的。

"精通阴阳的有二人，主要负责以诡谲欺诈的手段，假托鬼神的启示，来扰乱敌国君臣民众的思想。

"懂得医药的有二人，主要负责制造各种药物，用来治疗战场负伤的将士，治愈一切疾病。

"管理财务的有二人，主要负责计算军队营寨壁垒、粮草饮食、财物使用的开销数目。"

论　将

武王问太公曰："论将之道奈何？"太公曰："将有五材[①]、十过。"

武王曰："敢问其目。"太公曰："所谓五材者，勇、智、仁、信、忠也。勇则不可犯，智则不可乱，仁则爱人，信则不欺，忠则无二心。所谓十过者，有勇而轻死者，有急而心速者，有贪而好利者，有仁而不忍人者，有智而心怯者，有信而喜信人者，有廉洁而不爱人者，有智而心缓者，有刚毅而自用者[②]，有懦而喜任人者。"

六韜·三略

将帅之臣

《史记》载：李牧驻守雁门时坚守不出，赵王闻讯大怒，贬去李牧另派将领驻守，但赵军多次失利，边关告急。赵王不得不重新起用李牧。李牧重镇边关后仍坚守不出，但亦加紧训练士卒，积极备战。时机成熟后，李牧设计引诱匈奴前来，之后布下奇阵大破匈奴。为将者，胸中多谋略，就不会淆乱。

〔注释〕

①材：才能，这里指优秀的品质。②自用：自行其是，听不得他人的意见。

〔译文〕

武王问太公说："评价将领的方法是怎样的呢？"太公回答说："将领有五种优秀的品质、十种不良的品质。"

武王说："冒昧地请教一下详细的情况。"太公说："我所说的五种优秀的品质，指的是勇敢、智慧、仁德、诚信、忠贞。勇敢就不容易被侵犯，智慧就不容易被迷惑，仁德就会去关爱他人，诚信就不会去欺骗他人，忠贞就不会怀有异心。我所说的十种不良的品质，指的是具备勇气却轻易去送死，性情急躁而急于立功，秉性贪婪而喜好小利，本性仁慈而姑息纵容不法行为，拥有智慧却胆小怯懦，诚实守信却容易轻信别人，洁身自好却刻薄待人，拥有智慧而反应迟缓，性格刚强却听不得他人的意见，天性懦弱而喜欢依赖他人。"

"勇而轻死者，可暴也①；急而心速者，可久也；贪而好利者，可遗也；仁而不忍人者，可劳也；智而心怯者，可窘也；信而喜信人者，可诳也；廉洁而不爱人者，可侮也；智而心缓者，可袭也；刚毅而自用者，可事也②；懦而喜任人者，可欺也。故兵者，国之大事；存亡之道，命在于将。将者，国之辅，先王之所重也，故置将不可不察也。故曰：'兵不两胜，亦不两败。'兵出逾境，期不十日，不有亡国，必有破军杀将。"武王曰："善哉！"

〔注释〕

①暴：使之暴，即激怒。②事：本义为事奉，这里指迎合、放任。

〔译文〕

"具备勇气却轻易送死的将领，容易被激怒；性情急躁而急于立功的将领，容易被持久战拖垮；秉性贪婪喜好小利的将领，容易被财货引诱；本性仁慈而姑息纵容不法行为的将领，容易被各种纷繁的事务困扰；拥有智慧却胆小怯懦的将领，容易在身处困境时无计可施；诚实守信却容易轻信别人的将领，容易被谎话迷惑；洁身自好却刻薄待人的将领，容易在受人侮辱的情况下失去理智；拥有智慧而反应迟缓的将领，容易败在突然袭击下；性格刚强却听不得他人意见的将领，容易在他人的迎合下丧失判断力；天性怯懦而喜欢依赖他人的将领，容易受人欺负。所以用兵之事，是国家的大事；生死存亡的关键，完全在于将领。将领，作为君主的得力助手，是古代圣王一向倚重的人，因此任命将帅不能不认真考察。所以说：'征伐之事没有两方都获胜的情况，也没有两方都失败的情况。'大军越出了国境，不到十天时间，不是遭到攻伐的国家灭亡，就是主动进攻的军队被击败，将领被杀掉。"武王说："真是太好了！"

选 将

武王问太公曰："王者举兵，欲简练英雄，知士之高下，为之奈何？"

太公曰："夫士外貌不与中情相应者十五①：有贤而不肖者，有温良而为盗者，有貌恭敬而心慢者，有外廉谨而内无至诚者，有精精而无情者，有湛湛而无诚者，有好谋而不决者，有如果敢而不能者，有倥倥而不信者②，有悗悗忽忽而反忠实者，有诡激而有功效者，有外勇而内怯者，有肃肃而反易人者，有嗃嗃而反静悫者③，有势虚形劣而外出无所不至无所不遂者。天下所贱，圣人所贵；凡人莫知，非有大明不见其际。此士之外貌不与中情相应者也。"

〔注释〕

①中情：内心的真实想法。②倥倥：诚恳的样子。③嗃嗃：严厉的样子。悫：诚实，谨慎。

〔译文〕

武王问太公说："君王出动军队，打算演练英武雄壮之人，明察士人才能的高低，应该怎么做呢？"

太公回答说："士人的外在表现与内心情感不相符的有十五种情况：有外表端庄谨慎而实际上才德具失的，有外表温和善良而实际上却当了盗贼的，有外表恭顺有礼而行事怠慢的，有外表廉洁谦谨而实际上并不真诚的，有外表精明能干而实际上并没有真才实学的，有外表敦厚淳朴而实际上不讲诚信的，有看似喜好权谋而实际上优柔寡断的，有看似果断勇敢而实际上无所作为的，有外表诚恳真挚而实际上不守信用的，有看似难以捉摸而实际上忠实可靠的，有看似怪异偏激而实际上办事得力的，有外表勇武有力而实际上怯懦虚弱的，有外表严肃认真而实际上平易近人的，有外表严厉刻薄而办事沉静诚实的，有外形孱弱丑陋而实际上能受命出使无所不至且做事无所不成的。天下人鄙视的，有可能是圣人器重的；普通人不能明白，不具备高明的远见就会连这些事情的边际都看不到。这就是士人的外在表现与内心情感不相符的具体情况。"

武王曰："何以知之？"

太公曰："知之有八征：一曰问之以言，以观其辞；二曰穷之以辞，以观其变；三曰与之间谋，以观其诚；四曰明白显问，以观其德；五曰使之以财，以观其廉；六曰试之以色，以观其贞；七曰告之以难，以观其勇；八曰醉之以酒，以观其态。八征皆备，则贤不肖别矣。"

〔译文〕

武王又问："怎么样才能知道这些真实情况呢？"

太公回答说："了解真实情况有八种验证的方法：一

是用向他提出问题的方法，来考察他言辞的水平；二是详细追问，来考察他的应变能力；三是在他身边安插耳目，来考察他是否诚实；四是明知故问，来考察他的德行；五是让他打理财务，来考察他是否廉洁；六是用女色进行试探，来考察他是否坚持操守；七是安排他做最困难的工作，来考察他是否勇敢；八是用酒把他灌醉，来考察他酒后是否失态。经过以上八种方法的考验，贤能与否就很容易区分了。"

立　将

武王问太公曰："立将之道奈何？"

太公曰："凡国有难，君避正殿[①]，召将而诏之曰：'社稷安危，一在将军，今某国不臣，愿将军帅师应之。'将既受命，乃命太史卜，斋三日，之太庙，钻灵龟[②]，卜吉日，以授斧钺[③]。君入庙门，西面而立；将入庙门，北面而立。君亲操钺持首，授将其柄曰：'从此上至天者，将军制之。'复操斧持柄，授将其刃曰：'从此下至渊者，将军制之。见其虚则进，见其实则止。勿以三军为众而轻敌，勿以受命为重而必死，勿以身贵而贱人，勿以独见而违众，勿以辩说为必然。士未坐勿坐，士未食勿食，寒暑必同。如此，则士众必尽死力。'将已受命，拜而报君曰：'臣闻国不可从外治，军不可从中御；二心不可以事君，疑志不可以应敌④。臣既受命专斧钺之威，臣不敢生还。愿君亦垂一言之命于臣。君不许臣，臣不敢将⑤。'君许之，乃辞而行。"

〔注释〕

①避正殿：古代国家遭逢灾难，帝王避离正殿，以示自我贬责。②钻灵龟：以龟甲占卜。古代占卜时以烧红的小铜棍在龟甲或兽骨上钻孔，然后放在火上烧灼，观察孔洞周围裂痕的走向，以预测吉凶祸福。③斧钺：兵器名，用于刑罚和杀戮，是军权的象征。钺，形似斧，比斧大，后来发展为一种仪仗器具。④疑志：心存疑虑，犹豫不决。⑤将：这里作动词，意为担任将军、统领军队。

〔译文〕

武王问太公说："任命将领的方法是怎样的呢？"

太公回答说："国家有危难的时候，君主应该避离正殿，然后召见准备任命的将领，向他颁布诏书说：'国家的安危存亡，全系于将军一身了，现在某国不愿意称臣归服而犯上作乱，希望将军率领军队前去应战。'将领已经接受任命，君主就命令太史占卜，先斋戒三天，来到太庙，用火烧灼龟甲，卜问适合出征的日期，以便向将领授予斧钺。到了吉日，君主先入太庙正门，面向西方站立；将领随后跟着走进太庙正门，面向北方站立。这时君主亲自捧着钺首，把钺柄交给将领说：'从今天起上至苍天，一切军务都由将军裁决。'然后君主又捧着斧柄，把斧刃交给将领说：'从今天起下至深渊，一切军务都由将军裁决。看见敌人的漏洞就发动进攻，发现敌人兵力充足就要停止。不要认为军队人数众多就轻视敌人，不要认为自己的责任重大就以死相拼，不要认为自己身份尊贵就蔑视他人，不要凭着一己之见而违背众人的意愿，不要认为能言善辩者的话就是正确的。战士没有坐下将军就不能先坐，战士没有吃饭将军就不能先吃，无论严寒酷暑都要与部下同甘共苦。像这样的话，战士们一定能拼死效力。'将领已经接受任命，向君主跪拜说：'我听说国家不能由在外庭任职的百官来治理，军队不能由身在中央的君主来遥控；心怀不忠的人不能让他事奉君主，心存疑虑的人不能让他迎敌应战。我已经接受任命，专掌统兵之权，不获得胜利我决不敢活着回来。希望君上也能授予我全权指挥的权力。君上如果不答应我的请求，我就不敢带兵出征。'君主答应将领的请求，于是将领就辞别君主率军出征了。"

"军中之事，不闻君命，皆由将出，临敌决战，无有二心。若此，则无天于上，无地于下，无敌于前，无君于后。是故智者为之谋，勇者为之斗，气厉青云，疾若驰骛，兵不接刃，而敌降服。战胜于外，功立于内，吏迁士赏，百姓欢说，将无咎殃。是故风雨时节，五谷丰熟，社稷安宁。"武王曰："善哉！"

〔译文〕

"军队中的事务，不听君主的诏令，只听将领的命令，在战场上与敌人展开决战，心中毫无顾虑。像这样的话，

六韬

六五

将领就上不受天时的制约，下不受地势的羁绊，前没有敌人敢抵抗，后没有君主来操控。所以智慧之士愿意为将领出谋划策，勇敢的人愿意为将领殊死搏杀，军队的士气如同青云直上，行动如同骏马奔驰，双方还没有开始交锋，敌人就已经闻风而降了。军队在外赢得战争的胜利，君主在内建立卓越的功勋，官吏得到升迁，战士得到赏赐，百姓欢天喜地，将领得胜而归。因此风调雨顺，五谷丰登，国家安定。"武王说："真是太好了！"

将　威

武王问太公曰："将何以为威？何以为明？何以为禁止而令行？"太公曰："将以诛大为威，以赏小为明，以罚审为禁止而令行。故杀一人而三军震者，杀之；赏一人而万人悦者，赏之。杀贵大，赏贵小。杀及当路贵重之臣，是刑上极也；赏及牛竖、马洗、厩养之徒，是赏下通也。刑上极，赏下通，是将威之所行也。"

〔译文〕

武王问太公说："将领通过什么手段来树立威信呢？凭借什么方法来彰显英明呢？采取什么措施做到令行禁止呢？"太公回答说："将通过诛杀地位尊贵之人来树立威信，凭借奖赏地位卑贱之人来彰显英明，采取赏罚严明的措施来做到令行禁止。所以杀一个人就能震慑整个军队，就必须要杀；奖赏一个人就能激励整个军队，就必须要赏。诛杀要首选那些大人物，奖赏要首选那些小人物。诛杀而不宽恕执掌大权的朝中重臣，这表明刑罚向上能达于最高层；奖赏不遗漏牧牛、牵马、喂牲口的奴仆，这表明奖赏向下能通于最底层。刑罚达于上层，奖赏通于下层，这样将领的威信就可以确立了。"

励 军

武王问太公曰："吾欲令三军之众，攻城争先登，野战争先赴，闻金声而怒[①]，闻鼓声而喜，为之奈何？"

太公曰："将有三胜。"

武王曰："敢问其目。"

太公曰："将冬不服裘，夏不操扇，雨不张盖，名曰礼将；将不身服礼，无以知士卒之寒暑。出隘塞，犯泥涂，将必先下步，名曰力将；将不身服力，无以知士卒之劳苦。军皆定次，将乃就舍。炊者皆熟，将乃就食。军不举火，将亦不举，名曰止欲将；将不身服止欲，无以知士卒之饥饱。将与士卒共寒暑、劳苦、饥饱，故三军之众，闻鼓声则喜，闻金声则怒。高城深池，矢石繁下，士争先

六韬·三略

仁言动众

做将领的,能够了解士卒寒暑饥饱的详细情况,士卒才愿尽死力相报效。楚王率军攻打萧国,当时正值冬天,击溃萧国军队后,楚王冒着严寒亲巡三军,抚慰将士:"你们为国作战,多么辛苦啊!"三军将士深受鼓舞,全身像披上了棉絮一样温暖。

登；白刃始合，士争先赴。士非好死而乐伤也，为其将知寒暑、饥饱之审，而见劳苦之明也。"

〔注释〕

①闻金声而怒：听到鸣金收兵而感到愤怒，形容将士斗志昂扬，不愿退却。

〔译文〕

武王问太公说："我想命令全军的士兵，在攻城的时候争先恐后地攀登，在野战的时候奋不顾身地冲锋，听见鸣金撤退就感到愤怒，听见击鼓前进就感到欢喜，应该怎么做呢？"

太公回答说："将领有三点制胜之道。"

武王说："请说说其中的详细情况。"

太公说："作为将领，隆冬时节不穿裘皮，盛夏时节不摇扇子，阴雨天气不撑伞盖，这就是礼贤下士的将领；将领不能亲自做到亲身执行，就不知道士兵的冷暖。经过地势险峻的关隘和要塞，在泥泞的道路上行进的时候，将领一定要下车步行，这就是身体力行的将领；将领不能亲自做到身体力行，就不知道士兵的劳苦。全军都已驻扎完毕，将领才能休息；士兵的饭菜都做熟了，将领才能吃饭。军队没有开始做饭，将领也不能先生火，这就是能够克制私欲的将领；将领不能克制自己的私欲，就不知道士兵的饥饱。将领能与士兵共寒暑、共劳苦、共饥饱，所以全军都能做到听见击鼓前进而感到欢喜，听到鸣金撤退而感到愤怒。攻打防御坚固的城池时，即使箭石如雨，士兵也能争先恐后地攀登；在野外短兵相接时，士兵就会奋不顾身地冲锋。士兵并不是喜欢送死和愿意负伤，而是因为他们的将领能够了解部下寒暑、饥饱的情况，并且能体察部下劳苦的缘故。"

阴 符

武王问太公曰："引兵深入诸侯之地，三军卒有缓急，或利或害，吾将以近通远，从中应外，以给三军之用，为之奈何？"

太公曰："主与将有阴符①，凡八等：有大胜克敌之符，长一尺；破军擒将之符，长九寸；降城得邑之符，长八寸；却敌报远之符，长七寸；誓众坚守之符，长六寸；请粮益兵之符，长五寸；败军亡将之符，长四寸；失利亡士之符，长三寸。诸奉使行符②，稽留者若符事泄③，闻者、告者皆诛之。八符者，主将秘闻，所以阴通言语，不泄中外相知之术，敌虽圣智，莫之能识。"武王曰："善哉！"

〔注释〕

①阴符：古代军中传达信息的一种凭证。由于通信需要保密，因此称"阴符"。符以金玉竹木等材料制成，上面刻有文字或花纹，通常一分为二，以纹饰或尺寸长短作

为秘密通信的符号。②奉使：奉命出使，这里指使者持君主兵符向将领传达命令。③稽留：停留，耽误，这里指使者持兵符而贻误战机。

〔译文〕

武王问太公说："率领军队深入到各国的腹地去作战，军情有轻重缓急，将士或遇到有利的情况或遇到有害的情况，我将要从近处与远处联络，由中央向前线策应，来满足全军行动的需要，应该怎么办呢？"

太公回答说："君主和将领手中掌握着秘密使用的兵符，一共分为八种：有通知大获全胜制服敌人之事的兵符，长度为一尺；有通知击破敌军擒获敌将之事的兵符，长度为九寸；有通知夺取城池攻占都邑之事的兵符，长度为八寸；有退却强敌后用来报知远方的兵符，长度为七寸；有用来警告部众加强防守的兵符，长度为六寸；有通知请调粮草补充兵力之事的兵符，长度为五寸；有通知我方战败将领阵亡之事的兵符，长度为四寸；有通知我方失利士兵阵亡之事的兵符，长度为三寸。各位向将领传达命令的使者在使用兵符的时候，如果有人贻误战机，泄露军事机密，听到的和泄密的都要处死。这八种兵符，君主和将领只能秘密掌握，用它们在暗中联络，情报不泄露于外，中央和前线能够相互知情，敌人即使具备圣贤的智慧，也不能识破。"武王说："真是太好了！"

阴　书

武王问太公曰："引兵深入诸侯之地，主将欲合兵，行无穷之变，图不测之利，其事烦多，符不能明，相去辽远，言语不通，为之奈何？"

太公曰："诸有阴事大虑，当用书，不用符。主以书遗将，将以书问主，书皆一合而再离，三发而一知。再离者，分书为三部；三发而一知者，言三人，人操一分，相参而不相知情也。此谓阴书，敌虽圣智，莫之能识。"武王曰："善哉！"

〔译文〕

武王问太公说："率领军队深入到各国的腹地去作战，君主与将领想集中兵力，出人意料地变化战术，谋取难以预计的利益，然而其中的事情复杂繁多，阴符不能明确传达旨意，中央与前线又相距遥远，情报不能通畅地传达，应该怎么办呢？"

太公回答说："这些重大的机密之事，应该使用书信沟通，不能使用符节。君主用书信将指示交给将领，将领也用书信向君主请示，每封书信都按照'一合而再离'的方法递送，再按照'三发而一知'的方法来参验。'再离'，就是把书信分为三份；'三发而一知'，就是说把书信发给三个人而每人各持一份，他们只知道其中一部分内容，只有合起来相互验证才能知道书信的真实内容。这叫作阴书，敌人即使具备圣贤的智慧，也不能识破。"武王说："说得太好了！"

军　势

武王问太公曰："攻伐之道奈何？"

太公曰："势因敌家之动，变生于两陈之间，奇正发于无穷之源①。故至事不语，用兵不言。且事之至者，其言不足听也；兵之用者，其状不足见也。倏而往②，忽而来，能独专而不制者，兵也。夫兵闻则议，见则图，知则困，辨则危。故善战者不待张军③，善除患者善理于未生④，善胜敌者胜于无形，上战无与战。故争胜于白刃之前者，非良将也；设备于已失之后者，非上圣也；智与众同，非国师也⑤；技与众同，非国工也⑥。事莫大于必克，用莫大于玄默⑦，动莫神于不意，谋莫善于不识。

〔注释〕

①奇正：军事术语，侧翼掩袭为奇，正面进攻为正，泛指战术。②倏：忽然。③张军：展开军队的阵势。④理于未生：趁祸患没有萌发及时处理，即防患于未然。⑤国师：一国之中足智多谋的军师。⑥国工：一国之中技艺高超的工匠。⑦玄默：沉默不语，这里指保守机密，不暴露自己的战略企图。

六韬·三略

〔译文〕

武王问太公说:"进攻征伐的方法是怎样的呢?"

太公回答说:"形势根据敌人的行动而变化,权谋产生在两军对阵之时,战术萌发于将领的无穷智慧。所以处理最关键的事情时不能轻易开口,调动军队出征打仗的时候不能公开宣布。而且最关键的事情,即使有人开口评论也不能完全认同;调动军队出征打仗,即使看到了战场上的表面状况也不能完全相信。忽然过去,忽然到来,能独断专行而不受任何制约,这才是真正的用兵之道。敌人听说了我方的情况,一定会商议对策;敌人了解了我方的形势,一定会图谋算计;敌人得知了我方的行动,一定会围困我方;敌人摸清了我方的虚实,一定会使我方陷入危险的境地。所以善于领兵作战的,不等对方列好阵势就发动进攻;善于排除隐患的,能够趁问题没有出现就及时处理;善于克敌制胜的,能够在形势不明朗的情况下取得胜利;最高境界的战斗,就是不与敌人交战便可取胜。因此与敌人短兵相接而取胜的,不是优秀的将领;在出事之后严加防备的,不是上等的圣贤;智慧与普通人相同的,不能称之为国师;技艺与普通人相同,不能称之为国工。征伐的事情没有比克敌制胜更重要的,用兵的关键没有比保守机密更重要的,行动的要领没有比出其不意更绝妙的,战略的谋划没有比不让敌人识破更好的。

"夫先胜者,先见弱于敌而后战者也,故事半而功倍焉。圣人征于天地之动^①,孰知其纪^②,循阴阳之道而从其候,当天地盈缩因以为常。物有死生,因天地之形。故曰:'未见形而战，虽众必败。'善战者居之不挠，见胜则起，不胜则止。故曰：'无恐惧，无犹豫；用兵之害，犹豫最大；三军之灾，莫过狐疑。'善战者见利不失，遇时不疑，失利后时，反受其殃。故智者从之而不释，巧者一决而不犹豫，是以疾雷不及掩耳，迅电不及瞑目。赴之若惊，用之若狂，当之者破，近之者亡，孰能御之？夫将有所不言而守者，神也；有所不见而视者，明也。故知神明之道者，野无衡敌，对无立国[3]。"

武王曰："善哉！"

〔注释〕

①征：征兆，这里作动词，意为发觉征兆。②孰：通"熟"，仔细，周详。纪：纲纪，法则。③对无立国：与自己敌对的国家没有能保全的。

〔译文〕

"先胜一筹的计策，是率先向对方示弱，然后发动进攻的谋略，所以这样做能收到事半功倍的效果。圣人发现天地运行的征兆而熟知其中的法则，遵循阴阳变化的规律而顺应其中的形势，面对大自然的盛衰更迭而确立行动的原则。世间万物有生老病死，全都根据天地的运行而变化。所以说：'没有看清形势就开战，即使兵力众多也一定会失败。'善于用兵的人，稳坐中军不受外界干扰，看到有取胜的把握就出兵，没有获胜的可能就停止。所以说：'没有恐惧，没有犹豫；用兵的要害，以犹豫为最大；军队的灾难，莫过于迟疑。'善于用兵的人，见到利益决不放过，遇到时机决不犹疑，失去利益延误时机，反而要遭受灾祸。所以智慧的人抓住战机决不放手，灵巧的人一经决断就毫不犹豫，因此行动像雷霆一样让人来不及捂住耳朵，像闪电一样让人来不及闭上眼睛。前进时有如受惊，作战时有如发狂，阻挡的被击破，近前的被消灭，哪个能抵挡得住呢？将领一言不发却成竹在胸的，就是用兵如神；没有亲眼所见却能洞悉一切的，就是明察秋毫。所以掌握这种神妙明察之道的将领，在战场上没有能与他抗衡的敌人，敌对阵营中也没有能够保全的国家。"

武王说："说得太好了！"

奇 兵

武王问太公曰："凡用兵之道，大要何如？"

太公曰："古之善战者，非能战于天上，非能战于地下，其成与败皆由神势①，得之者昌，失之者亡。夫两阵之间，出甲陈兵②、纵卒乱行者，所以为变也；深草蓊翳者③，所以逃遁也；溪谷险阻者，所以止车御骑也；隘塞山林者，所以少击众也；坳泽窈冥者④，所以匿其形也；清明无隐者，所以战勇力也；疾如流矢如发机者⑤，所以破精微也；诡伏设奇，远张诳诱者，所以破军擒将也；四分五裂者，所以击圆破方也。"

〔注释〕

①神势：神妙的态势。②出甲：丢盔弃甲。陈兵：原指布置军队，这里指放下武器。③蓊翳：草木茂盛。④坳泽：低洼潮湿之处。窈冥：幽暗。⑤发机：拨动弩弓的扳机。

〔译文〕

武王问太公道："大凡用兵作战的方法，最根本的要点是什么呢？"

太公回答说："古时候善于作战的人，并不是能在天上打仗，也不是能在地下打仗，他们的成功与失败，全都在于用兵能否形成神妙的态势，所以能得到这一态势的就能昌盛，失掉这一态势的就会灭亡。在两军对阵的战场上，丢盔弃甲四散奔逃、纵容兵士胡作非为的，是在用这种方法实施诡辩之计；在草木茂密的地方用兵的，是在用这种方法为逃跑作准备；占据溪水山谷等险要之地的，是在用这种方法阻挡敌人的战车和抵御敌人的骑兵；将部队驻扎在险隘关塞和丛山密林之中的，是在用这种方法为以少胜多创造条件；埋伏在低洼幽暗之处的，是在用这种方法隐蔽本方的行动；在开阔平坦毫无隐蔽之地布阵的，是在用这种方法与敌人较量勇气和实力；行军如同离弦之箭、进攻如同拨动弩机的，是在用这种方法打破敌人的精密策划；用诡异之计设下伏兵，通过虚张声势来引诱对方的，是在用这种方法达到击破敌军擒获敌将的目的；把军队分为若干纵队的，是在用这种方法攻破敌人的方圆阵势。"

"困（疑作因）其惊骇者，所以一击十也；因其劳倦暮舍者①，所以十击百也；奇技者，所以越深水渡江河也；强弩长兵者，所以逾水战也；长关远候②，暴疾谬遁者③，所以降城服邑也；鼓行喧嚣者，所以行奇谋也；大风甚雨者，所以搏前擒后也；伪称敌使者，所以绝粮道也；谬号令④，与敌同服者，所以备走北也⑤；战必以义者，所以励众胜敌也；尊爵重赏者，所以劝用命也；严刑罚者，所以进罢怠也⑥；一喜一怒，一与一夺，一文一武，一徐一疾者，所以调和三军，制一臣下也；处高敞者，所以警守也；保险阻者⑦，所以为固也；山林茂秽者，所以默往来也；深沟高垒粮多者，所以持久也。"

〔注释〕

①暮舍：夜晚进屋休息。②长关：广布的哨卡。远候：远方的侦察。③暴疾：行动迅猛。谬遁：进退诡诈。④谬号令：假传敌人的号令。⑤走北：战败而逃。⑥进：通"尽"，终止，禁绝。⑦保险阻：占据险要地形。

〔译文〕

"趁敌人惊骇时发动进攻的，是在用这种方法达到以一击十的效果；趁敌人困倦夜晚就寝时发动进攻的，是

六韜

义智倾服

　　用兵作战的方法各有高妙。383年，苻坚亲率九十万秦军南下进逼东晋，秦晋两军对峙淝水两岸。东晋大将谢玄派使者用激将法让苻坚同意秦军后退待晋军渡河后双方决战的建议。结果秦军一退士气低落，阵势大乱，谢玄率领八千多骑兵，趁势抢渡淝水，向秦军猛攻。

在用这种方法达到以十击百的效果；任用奇异技巧之人的，是在用这种方法跨越深水、渡过江河；使用强劲的弓弩和长柄的兵器打仗的，是在用这种方法与敌人隔水作战；广泛设卡而远方侦察，行动迅猛而进退诡诈的，是在用这种方法降服敌方的城邑；击鼓前进而让士兵大声喧哗的，是在用这种方法实施奇妙的谋略；乘暴风骤雨时发动袭击的，是在用这种方法达到前后并进的目的；冒充敌人使者的，是在用这种方法断绝对方的运粮道路；假传敌人号令、混穿敌军衣服的，是在用这种方法准备撤退；战前用道义训导士兵的，是在用这种方法激励部众奋勇杀敌；提高封爵、加重奖赏的，是在用这种方法勉励将士不怕牺牲；严酷用刑、加重惩罚的，是在用这种方法杜绝懒惰懈怠的现象；对士兵的态度喜怒适当，对下属的赏罚施行严明，对部众的管理宽猛相济，对全军的指令缓急有序的，是在用这种方法协调军队的内部关系，使部下能够同心协力；把军队驻扎在视线开阔的高地上的，是在用这种方法加强警戒与守备；率领军队占据险要地形的，是在用这种方法坚固防守；驻扎在茂密的山林地带的，是在用这种方法隐蔽往来的行动；深挖壕沟，高筑壁垒，多储粮食的，是在用这种方法打持久战。”

“故曰，不知战攻之策，不可以语敌；不能分移①，不可以语奇；不通治乱，不可以语变。故曰，将不仁，则三军不亲；将不勇，则三军不锐；将不智，则三军大疑；将不明，则三军大倾②；将不精微，则三军失其机；将不常戒，则三军失其备；将不强力③，则三军失其职。故将者，人之司命④，三军与之俱治，与之俱乱。得贤将者兵强国昌，不得贤将者兵弱国亡。"武王曰："善哉！"

〔注释〕

①分移：对兵力进行调度和部署。②倾：倾覆，这里引申为失败、崩溃。③强力：坚忍有毅力。④司命：命运的主宰。

〔译文〕

"所以说，将领不知道作战攻伐的策略，就不能跟他谈论御敌之事；不能够灵活调度和部署兵力，就不能跟他谈论出奇制胜之法；不了解国家的治乱兴衰，就不能跟他谈论谋略诡变之术。所以说，将领不仁爱，那么全军就不亲近；将领不勇敢，那么全军就不精锐；将领不智慧，那么全军就会心生疑惧；将领不严明，那么就会导致全军溃败；将领不精详微妙，那么全军就会坐失良机；将领常警戒，那么全军就会守备废弛；将帅不坚强无毅力，那么全军就会丢失职守。因此将领是士兵命运的主宰者，全军会因他而秩序井然，也会因他而散乱不堪。君主得到贤能的将领，才能使军队强大、国家昌盛；不能得到贤能的将领，就会使军队弱小、国家灭亡。"武王说："说得真好啊！"

五 音

武王问太公曰："律音之声①，可以知三军之消息，胜负之决乎？"太公曰："深哉，王之问也！夫律管十二，其要有五音——宫、

六韬

八一

商、角、徵、羽，此其正声也，万代不易。五行之神②，道之常也，可以知敌。金、木、水、火、土，各以其胜攻之。古者三皇之世③，虚无之情④，以制刚强。无有文字，皆由五行。五行之道，天地自然，六甲之分⑤，微妙之神。

"其法，以天清静，无阴云风雨，夜半遣轻骑往，至敌人之垒，去九百步外，偏持律管耳当，大呼惊之。有声应管，其来甚微。角声应管，当以白虎⑥；徵声应管，当以玄武⑦；商声应管，当以朱雀⑧；羽声应管，当以勾陈⑨。五管声尽，不应者，宫也，当以青龙⑩。此五行之符，佐胜之征，成败之机。"武王曰："善哉！"

太公曰："微妙之音，皆有外候。"武王曰："何以知之？"太公曰："敌人惊动则听之。闻枹鼓之音者，角也；见火光者，徵也；闻金铁矛戟之音者，商也；闻人啸呼之音者，羽也；寂寞无闻者，宫也。此五者，声色之符也。"

〔注释〕

①律：这里指六律。古人以竹管定音，规定了十二

个固定音高及名称,即黄钟(C)、大吕(#C)、太簇(D)、夹钟(#D)、姑洗(E)、中吕(F)、蕤宾(#F)、林钟(G)、夷则(#G)、南吕(A)、无射(#A)、应钟(B),合称十二律,其中奇数称六律,偶数称六吕。音:这里指五音,即中国古代五声音阶中的五个音级,分别为宫(do)、商(re)、角(mi)、徵(sol)、羽(la),相当于简谱中的1、2、3、5、6。②五行:金、木、水、火、土,古人认为天地间万物由这五种物质构成,它们之间的关系相生相克。阴阳五行家以五音配五行,宫属土、商属金、角属木、徵属火、羽属水。③三皇:传说中的古代帝王,说法不一,或说伏羲、神农、黄帝,或说天皇、地皇、人皇等。④虚无:清虚无为。⑤六甲:古代以天干、地支相配计算年月日时,其中甲子、甲戌、甲申、甲午、甲辰、甲寅称六甲。这里泛指时日。⑥白虎:二十八宿中西方七宿奎、娄、胃、昴、毕、觜、参的合称,用以代指西方,五行属金。⑦玄武:二十八宿中北方七宿斗、牛、女、虚、危、室、壁的合称,用以代指北方,五行属水。⑧朱雀:二十八宿中南方七宿井、鬼、柳、星、张、翼、轸的合称,用以代指南方,五行属火。⑨勾陈:北极星,用以代指中央,五行属土。⑩青龙:二十八宿中东方七宿角、亢、氐、房、心、尾、箕的合称,用以代指东方,五行属木。

〔译文〕

武王问太公说:"从六律五音的乐声中,可以知道全军气势的盛衰、战场胜败的结果吗?"太公回答说:"大王问的这个问题好深奥啊!律管规定了十二个音高,其中的关键是五个音阶——宫、商、角、徵、羽,这是演奏所用的标准乐声,千秋万代也不曾更改。五行的神妙,是普遍存在的规律，可以用来了解敌人的情况。金、木、水、火、土，分别凭借自身的优势相互克制。古代三皇在世的时候，用清虚无为的道术，来制服刚毅强悍。当时没有创造出文字，做事都遵循五行相生相克的规律。五行的规律，符合天地间的自然法则，时日的划分，道理同样微妙神奇。

"五音用于军事的方法，在天空晴朗，没有乌云风雨的时候，深夜里派遣轻骑兵前往敌军营垒，在距离九百步远的地方，都拿着律管对着耳朵，大声呼喊来惊动敌人。有声音回应到律管中，传来的回声十分微弱。如果是角声回应到律管中，就从白虎所在的西方发起攻击；如果是徵声回应到律管中，就从玄武所在的北方发起攻击；如果是商声回应到律管中，就从朱雀所在的南方发起攻击；如果是羽声回应到律管中，就从勾陈所在的中央发起攻击；如果所有律管的声音都消散了，仍然没有回应的，就是宫声，应该从青龙所在的东方发起攻击。这是五行规律的应验，帮助本方取胜的征兆，战争胜败的关键。"武王说："说得真好啊！"

太公接着说："精微玄妙的音律，都有外在的征候。"武王问："怎么知道的呢？"太公回答说："当敌人被惊动时就认真去听他们发出的声音。听到击鼓的声音，就是角声；看到火焰发出的光亮，就是徵声；听到金属兵器的声音，就是商声；听到敌人呼喊的声音，就是羽声；对方寂静无声，就是宫声。这五种情况，就是声音与现象相互应验的证明。"

兵　征

武王问太公曰："吾欲未战先知敌人之强弱，预见胜负之征，为之奈何？"

太公曰："胜负之征，精神先见，明将察之，其败在人。谨候敌人出入进退，察其动静，言语妖祥，士卒所告。凡三军说怿，士卒畏法，敬其将命，相喜以破敌，相陈以勇猛，相贤以威武，此强征也；三军数惊，士卒不齐，相恐以敌强，相语以不利，耳目相属，妖言不止，众口相惑，不畏法令，不重其将，此弱征也。

〔译文〕

武王问太公说："我想在尚未作战之前，就能得知敌人是强还是弱，预见到敌我之间胜败的迹象，我该怎么办呢？"

太公回答说："胜负的迹象，总是会在精神上最先显现出来，只有睿智的将帅才能看得出来，效果的好坏就要看人的识别能力如何了。我们要耐心等待观察敌人出入进退的情况，察看他们的动静，言语是吉是凶以及士卒的相互间的闲谈。只要三军将士心情愉悦，士兵严守法令，尊敬、听命于长官，乐于击败敌军，言谈中都讲述战场上的勇猛行为，互相赞美那些威武的将士，这些都是一个军队强盛的迹象；与此相反，要是三军将士频繁惊扰，兵士

六韬·三略

散乱，相互恐惧敌人之强盛，相互谈论的也都是于战斗不利的言论，眼睛看的、耳朵听的，都是些妖言怪事。相互忿恚，不遵法令，不敬主将，这些都是军队怯弱的迹象。

"三军齐整，阵势已固，深沟高垒，又有大风甚雨之利，三军无故①，旌旗前指，金铎之声清以扬，鼙鼓之声宛以鸣，此得神明之助，大胜之征也。行陈不固②，旌旗乱而相绕，逆大风甚雨之利，士卒恐惧，气绝而不属③，戎马惊奔，兵车折轴，金铎之声下以浊，鼙鼓之声湿如沐，此大败之征也。

"凡攻城围邑，城之气色如死灰④，城可屠；城之气出而北，城可克；城之气出而西，城必降；城之气出而南，城不可拔；城之气出而东，城不可攻；城之气出而复入，城主逃北；城之气出而覆我军之上，军必病；城之气出高而无所止，用兵长久。凡攻城围邑，过旬不雷不雨，必须去之，城必有大辅。此所以知可攻而攻，不可攻而止。"武王曰："善哉！"

〔注释〕

①无故：没有发生特别的变故。这里指不待命令而

六韜

水淹七军

　　关羽进攻樊城时，利用大雨后洪涝冲击敌军之机，审时度势，乘战船大破曹操七路大军，并生擒大将于禁、庞德。在这一战例中，趁敌军窘败之机，抓紧机会出击是关键的一步，而其中最为关键的是，观察兵征分辨敌人的强弱之势。

八七

行动。②行陈：也作"行阵"，即军队的布阵势。③不属：不连接。这里引申为涣散之意。④死灰：灰白色。

〔译文〕

"三军队伍齐整，阵势牢固，有深沟高垒作为凭借，还有暴风骤雨的便利，三军没有变故发生，旌旗挥向前方，金铎发出的声音激扬清越，鼙鼓发出的声音宛转和鸣，这都得到了神明相助，是取得大胜的迹象。但如果三军阵势不坚，旌旗乱摇，缠绕在一起，行动与暴风骤雨等时令相违，士卒惊恐不堪，气喘吁吁，互不连接，战马惊骇乱奔，兵车车轴折断，金铎之声混浊不清，鼙鼓之声木然不明，这都是军队将要失败的征兆。

"在攻城围邑之前，可以观察一下城市上空的气象，就可知进攻是否会顺利。如果城市上空呈现死灰之色，那这座城能屠杀；如果这座城市的上空之气流向北方，那这座城能够攻克；如果城市的上空之气流向西方，那这座城能够迫降；如果城市的上空之气流向南方，那这座城就很难攻破；如果城市的上空之气流向东方，那这座城是不能进攻的；如果城市的上空之气流走又复回，那么守城的主将已经逃走了；如果城市的上空之气溢出且覆盖在我军的上方，则我军定会受挫；如果城市的上空之气流出且不断上升，那么围城的时间必定要很长。在攻城围邑时，如果十天内不打雷也不下雨，应该马上离去，城中一定得到了有力的辅佐。这就是说能攻时则攻，不能攻则停止，绝不可勉强从事。"武王说："说得真好啊！"

农器

武王问太公曰："天下安定，国家无事，战攻之具，可无修乎？守御之备，可无设乎？"

太公曰："战攻守御之具，尽在于人事。耒耜者①，其行马蒺藜也②。马、牛、车、舆者，其营垒蔽橹也③。锄耰之具④，其矛戟也。蓑薜笠笠者⑤，其甲胄干楯也。镢、锸、斧、锯、杵臼⑥，其攻城器也。牛马，所以转输粮用也。鸡犬，其伺候也。妇人织纴⑦，其旌旗也。丈夫平壤，其攻城也。春铚草棘⑧，其战车骑也⑨。夏耨田畴⑩，其战步兵也。

〔注释〕

①耒耜：古代用来翻地的农具。上面的弯柄为耒，下面的铲状物为耜。②行马：拒马。用以堵塞道路的障碍器材。蒺藜：一种带有尖刺的障碍物，形如蒺藜。③蔽橹：古代军中用来瞭望观察敌情的望楼。④耰：古代农具，用来弄碎土块、平整土地。⑤蓑薜笠笠：都是雨具，蓑薜是草编的雨衣。笠，古时有柄的笠，类似现在的雨伞。笠，斗笠。⑥镢：用来刨土的农具。锸：铁锹，掘土的工具。⑦织纴：织作布帛的活动。⑧铚：古代农具，类似镰刀，两刃，木柄。用来割草。⑨其战车骑也：可以用于战时和敌军的战车、骑兵作战。⑩耨：除草。田畴：泛指田地。

六韬·三略

〔译文〕

　　武王问太公道:"天下安定,国家没有仗可打的时候,那些用来攻击作战的装备,可以不去修理了吗? 那些用来防守抵御的装备,可以不筹置了吗?"

　　太公说:"那些用来进攻防守的设备,其实完全是百姓平时所用的器具。农民耕地用的耒耜,作战时就可以拿来作行马、蒺藜之用。马车、牛车,也可以作为营垒、蔽橹。还有锄、耰这类农具,可以作为作战的兵器矛、戟。百姓用的蓑衣、雨伞和斗笠,可以拿来当作作战时的甲胄和盾牌。镢、锸、斧、锯、杵、臼这些工具都可以用来攻城。农民役使的牛马可以用在军粮运输当中。公鸡报晓,家犬守夜,都可以用在军中,用来报时和警戒。妇女纺织布帛,可以用来制作军中的旌旗。男子平整土壤,这在攻城作战中也有用武之地。春天农民割草斩棘,这方法可以用在和敌人的战车、骑兵作战当中。夏天农民耘田除草,这方法也可以用来和敌人的步兵作战。

　　"秋刈禾薪①,其粮食储备也。冬实仓廪,其坚守也。田里相伍②,其约束符信也。里有吏,官有长,其将帅也。里有周垣,不得相过,其队分也。输粟收刍,共廪库也。春秋治城郭,修沟渠,其堑垒也。

　　"故用兵之具,尽在于人事也。善为国者,取于人事,故必使遂其六畜,辟其田野,安其处所。丈夫治田有亩数,妇人织纴有尺度,是富国强兵之道也。"武王曰:"善哉!"

〔注释〕

①刈：割草。薪：柴火。②田里：指代百姓。田，田地，里，居住的地方，古代五家为邻，五邻为里。相伍：编成"伍"，伍是古代军队编制单位，五人为一伍。

〔译文〕

"农民在秋天将庄稼和柴草收割后，可以储备起来作为战时的粮草。冬季仓库里粮食充盈，可以为战时长期坚守做准备。乡里的百姓编制成伍，这就是战时军队管理的根据。里设有吏，乡设有长，平时治理百姓，战时就可以作为军队的将帅。里和里之间修筑有围墙，将其分隔开，互不逾越，一旦打仗这便可以作为军队作战的战区。平时运输粮食、收割草料，战时便可以充当后勤储备。春秋二季要修葺城廓，疏浚沟渠，战时这就可以当作堑壕堡垒。

"所以作战时要用到的装备，完全分散在人们日常的生活劳作当中，那些治理国家的高手，没有不重视农业大事的。所以，他肯定要鼓励百姓饲养牲畜，开垦田地，让百姓居有定所。让男子耕田达到一定的数量，以保证粮食充足，让妇女织布达到一定的数量，以使人们穿戴不愁。这就是平时富国，战时强兵的方法。"武王说："说得真好啊！"

虎 韬

军 用

武王问太公曰:"王者举兵,三军器用,攻守之具,科品众寡①,岂有法乎?"太公曰:"大哉,王之问也!夫攻守之具,各有科品,此兵之大威也。"武王曰:"愿闻之。"

太公曰:"凡用兵之大数,将甲士万人,法用②:武冲大扶胥三十六乘③,材士强弩矛戟为翼,一车二十四人推之,以八尺车轮,车上立旗鼓,兵法谓之震骇,陷坚陈,败强敌。"

〔注释〕

①科品:种类,等级。②法用:这里指武器装备配置的原则、规则。③扶胥:又称"扶苏",古代兵车上的藩盾。

〔译文〕

武王问太公道:"君王起兵作战,军中所有的各种武器装备、攻防器材的种类和数量可有什么标准?"太公说:"君王您问的这确实是一个大问题啊!那些进攻或者防守的装备器材有很多种类,各有各的特点,这是决定军队战斗力强弱的一个大问题。"武王说:"我愿意听听详细的内容。"

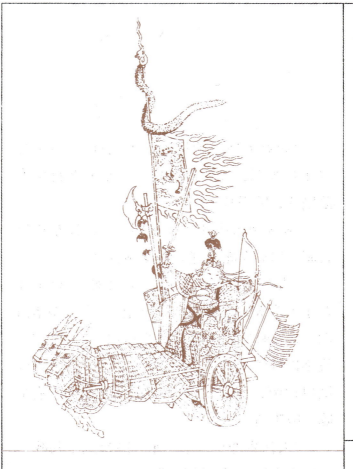

国殇将士铠甲战车

屈原《国殇》中威武的士兵的形象：操吴戈兮披犀甲，车错毂兮短兵接。

六韬·三略

太公说："统兵打仗要配备的武器装备都是有一个大致的标准的，如果统率一万名甲士，那么要用的武器器材应该是这样：武冲大扶胥三十六辆，勇猛善战的士兵手持强弩、矛、戟等兵器护卫在两旁，一辆战车由二十四个人推动，车轮高八尺，车上竖旗设鼓，这种车辆在兵法上被称为'震骇'，可用它攻陷坚固的阵地，战胜强大的敌人。"

"武翼大橹矛戟扶胥七十二具[①]，材士强弩矛戟为翼，以五尺车轮，绞车连弩自副[②]，陷坚陈，败强敌。

"提翼小橹扶胥一百四十具[③]，绞车连弩自副，以鹿车轮[④]，陷坚陈，败强敌。

"大黄参连弩大扶胥三十六乘[⑤]，材士强弩矛戟为翼，飞凫、电影自副[⑥]。飞凫赤茎白羽[⑦]，以铜为首，电影青茎赤羽，以铁为首。昼则以绛缟[⑧]，长六尺，广六寸，为光耀；夜则以白缟，长六尺，广六寸，为流星，陷坚陈，败步骑。

"大扶胥冲车三十六乘，螳螂武士共载[⑨]，可以纵击横，可以败敌。"

〔注释〕

①武翼大橹矛戟扶胥：这里指车上装有大盾牌和矛戟等兵器的战车。橹，盾牌。②绞车连弩：一种弓弩，用

绞车张弓，能够连续不断地发射箭矢。③提翼小橹扶胥：装有小盾牌的小型战车。④鹿车：古代一种独轮车。⑤大黄参连弩大扶胥：这里指车上装有大黄连弩的大型战车。大黄，强弩的名称，射程远。参连弩，指能够连续射击的强弩。⑥飞凫、电影：两种旗帜的名称。⑦茎：干，这里指旗杆。⑧绛缟：大红色的丝绢。⑨螳螂武士：指骁勇善战的战士。

〔译文〕

"武翼大橹矛戟扶胥七十二辆，勇武的战士手持强弩、矛、戟部署在战车两旁进行护卫，这种战车的车轮高五尺，还装有绞车连弩，可以用来攻破坚固的阵地，战胜强大的敌人。

"提翼小橹扶胥一百四十辆，还装有绞车连弩，这种战车为独轮，可以用来攻破坚固的阵地，战胜强大的敌人。

"大黄参连弩大扶胥三十六辆，勇武的战士手持强弩、矛、戟护卫在战车两旁，车上有'飞凫''电影'两种旗帜。飞凫为红色的旗杆，白色的羽毛，用铜矛做旗杆的头；电影则是青色的旗杆，红色的羽毛，用铁矛头做旗杆的头。在白天用大红色的绢做旗面，长六尺，宽六寸，名字叫作'光耀'；到了夜间要用白色的绢做旗面，长六尺，宽六寸，名字叫作'流星'，这种战车可以用来攻破坚固的阵地，战胜敌军的步兵和骑兵。。

"大扶胥冲车三十六辆，安排勇猛的战士乘车前进，可以用来纵横冲击，战胜强大的敌人。"

"辎车骑寇①，一名电车②，兵法谓之电击，陷坚陈，败步骑。

"寇夜来前,矛戟扶胥轻车一百六十乘③,螳螂武士三人共载,兵法谓之霆击④,陷坚陈,败步骑。

"方首铁棓^{bàng}维朌^{fén}⑤,重十二斤,柄长五尺以上,千二百枚,一名天棓;大柯斧,刃长八寸,重八斤,柄长五尺以上,千二百枚,一名天钺;方首铁锤,重八斤,柄长五尺以上,千二百枚,一名天锤,败步骑群寇。"

〔注释〕

①辎车骑寇:轻便、迅捷的战车。②电车:快似闪电的战车。③矛戟扶胥轻车:轻型战车,上面配备有矛戟等攻击武器。④霆:霹雷,霹雳。⑤方首铁棓维朌:武器名,铁棒的一种,头大而方。棓,同"棒"。朌,头大的样子。

〔译文〕

"辎车骑寇也被称为电车,在兵法上被称为'电击',可以用来攻破坚固的阵地,击败敌军的步兵、骑兵。

"敌人趁黑夜前来袭击矛戟扶胥轻车一百六十辆,每辆车载三名勇猛的战士,在兵法上,这种车被称为'霆击',可以用来攻破坚固的阵地,击败敌军的步兵、骑兵。

"方首铁棓维朌,又名天棓,重十二斤,柄的长度在五尺以上,要配备一千二百把又叫天棓;大柯斧,又名天钺,刃长八寸,重八斤,柄的长度在五尺以上,要配备一千二百把。方首铁锤,又名天锤,重八斤,柄的长度在五尺以上，配备一千二百把。这些武器可以用来击败敌军的步兵骑兵。"

"飞钩①，长八寸，钩芒长四寸②，柄长六尺以上，千二百枚，以投其众。

"三军拒守，木螳螂剑刃扶胥③，广二丈，百二十具，一名行马，平易地，以步兵败车骑。

"木蒺藜，去地二尺五寸，百二十具，败步骑，要穷寇，遮走北。轴旋短冲矛戟扶胥④，百二十具，黄帝所以败蚩尤氏⑤，败步骑，要穷寇，遮走北。

"狭路微径⑥，张铁蒺藜，芒高四寸，广八寸，长六尺以上，千二百具。败步骑。

"突瞑来前促战⑦，白刃接，张地罗⑧，铺两镞蒺藜、参连织女⑨，芒间相去二寸，万二千具。旷野草中，方胸铤矛⑩，千二百具，张铤矛法，高一尺五寸，败步骑，要穷寇，遮走北。"

〔注释〕

①飞钩：古代兵器名，似剑而前端弯曲。②芒：尖。③木螳螂剑刃扶胥：一种木制战车，形似螳螂，有尖刃冲外，可以用来拒守。④轴旋短冲矛戟扶胥：一种战车，车上配有冲角矛戟，还可以旋转以杀伤敌人。⑤蚩尤氏：上

古传说中的南方九黎族首领，铜头铁额，能呼风唤雨，勇猛善战，后为黄帝战败被杀。⑥微径：小路。⑦突瞑：趁天色黑暗而发起突袭。⑧地罗：地网，防御型兵器。⑨参连织女：一种阻敌前进的障碍物，是将蒺藜连缀在一起而构成。织女，草名，类似蒺藜，这里指带有尖刺的障碍物。⑩方胸铤矛：齐胸高的短矛。铤，短矛。

〔译文〕

"飞钩，长为八寸，尖长四寸，柄长六尺以上，配备一千二百把，可以用来向敌群投掷。

"军队进行防御的时侯，要使用木螳螂剑刃扶胥这种战车，每辆车宽两丈，配备一百二十辆，它又被称为行马，部署在平坦的地势上，可以用来阻挡敌人的车、骑的行动。

"布设木蒺藜，注意要高于地面二尺五寸，布设一百二十具。可以用来阻挡敌人的步兵、骑兵的前进，可以拦截势穷力竭的敌人，也可以阻击要逃跑的敌人。轴旋短冲矛戟扶胥这种战车，要配备一百二十辆，黄帝就是凭借着它击败了蚩尤，可以用它打败敌军的步兵、骑兵，拦击穷途末路的敌人，阻击逃跑的敌人。

"在隘路、小道之上可以布设铁蒺藜，铁蒺藜的刺长四寸，宽为八寸，长度在六尺以上，一共布设一千二百具，可以用来拦阻敌军的步兵、骑兵的行动。

"敌军趁着天色昏暗时突然前来逼战，白刃相接，我军这时要张设地罗，布撒两镞蒺藜和参连织女等障碍物，芒尖相距二寸，共布设一万二千具。在旷野深草地带作战时，要配备方胸铤矛，一共一千二百把，布设铤矛时要让它高出地面一尺五寸。这样就可以用来阻碍敌军的步兵、骑兵前进，拦击穷途末路的敌人，阻击逃跑的敌人。"

"狭路、微径、地陷，铁械锁参连，百二十具，败步骑，要穷寇^①，遮走北。

　　"垒门拒守，矛戟小橹十二具^②，绞车连弩自副^③。三军拒守，天罗虎落锁连^④，一部广一丈五尺，高八尺，百二十具。虎落剑刃扶胥^⑤，广一丈五尺，高八尺，五百二十具。

　　"渡沟堑，飞桥，一间广一丈五尺，长二丈以上，着转关辘轳八具，以环利通索张之。

　　"渡大水，飞江，广一丈五尺，长二丈以上，八具，以环利通索张之；天浮铁螳螂，矩内圆外，径四尺以上，环络自副，三十二具；以天浮张飞江，济大海，谓之天潢，一名天舡^⑥。"

〔注释〕

　　①要：通"约"，制约，胁迫。②小橹：小型盾牌。③绞车：一种利用滑轮原理制成的起重装置。④天罗：一种带刺的网。虎落：遮护营垒的竹篱。连：同"链"。⑤扶胥：也作"扶苏"，设置于战车上用来护卫的盾牌。⑥天舡：大船。

〔译文〕

　　"在狭路、小径、洼地之处，设置相连的铁锁链，共一百二十部，可以阻击敌军的步兵、骑兵，制约陷入窘境的敌人，截断他们的逃跑之路。

"守卫营垒大门，需要矛、戟、小橹各十二部，并附有绞车、连弩。全军驻守时，还应设置天罗、虎落、锁链，每部宽一丈五尺，高八尺，共一百二十部。另设虎落、剑刃、扶胥，每部宽一丈五尺，高八尺，共五百二十部。

"跨越壕沟坑洼之处，应配备飞桥，每间宽一丈五尺，长两丈以上，上面装有转关轳辘八部，使用连环铁索来架设它。

"渡过宽广的水域，应配备飞江，宽一丈五尺，长二丈以上，共八部，也使用连环铁索来架设它；天浮和铁螳螂，内方外圆，直径四尺以上，附有铁环绳索，共三十二部；用天浮架设飞江，可以渡过汪洋大海，称之为天潢，也叫天舡。"

"山林野居，结虎落柴营，环利铁索长二丈以上，千二百枚；环利大通索大四寸，长四丈以上，六百枚；环利中通索大二寸，长四丈以上，二百枚；环利小徽缧长二丈以上，万二千枚。天雨，盖重车上板，结枲钼鋙广四尺①，长四丈以上，车一具，以铁杙张之②。

"伐木：大斧，重八斤，柄长三尺以上，三百枚。棨钁③，刃广六寸，柄长五尺以上，三百枚。铜筑固为垂，长五尺以上，三百枚。鹰爪方胸铁钯，柄长七尺以上，三百枚。方胸铁叉，柄长七尺以上，三百枚。方胸两枝铁叉，柄长七尺以上，三百枚。芟草木④，大镰，柄长七尺以上，三百枚。大橹刃，重八斤，柄长六尺，三百枚。委环铁杙，长三尺以上，三百枚。椓杙大锤⑤，重五斤，柄长二尺以上，百二十具。甲士万人，强弩六千，戟楯二千，矛楯两千，修治攻具，砥砺兵器⑥，巧手三百人。此举兵军用之大数也。"武王曰："允哉！"

〔注释〕

①结枲：铺设麻布。枲，麻织品。钼铻：呈锯齿状排列。②铁杙：小铁桩，类似钉子。③荥镢：一种刨土的工具。④芟：除草。⑤椓：敲打。⑥砥砺：磨刀石，这里作动词，意为磨快、打磨。

〔译文〕

"在深山、丛林、荒野驻扎，要构筑虎落篱笆式的营寨，需要使用铁锁链，长二丈以上，共一千二百条；大号的连环绳索，粗四寸，长四丈以上，共六百条；中号的连环绳索，粗二寸，长四丈以上，共二百条；连环细绳索，长二丈以上，共一万二千条。天下雨时，辎重车辆顶部要盖上木板，还要交错铺设麻布，宽四尺，长四丈以上，每车一张，用钉子固定在车顶上。

"砍伐树木用的大斧，重八斤，柄长三尺以上，共三百把；刨土用的荥镢，刃宽六寸，柄长五尺以上，共三百把；铜筑固为垂，长五尺以上，共三百把；鹰爪方胸铁耙，柄长七尺以上，共三百把；方胸铁叉，柄长七尺以上，共三百把；方胸两枝铁叉，柄长七尺以上，共三百把。清除杂草用的大镰，柄长七尺以上，共三百把；大橹刀，重八斤，柄长六尺，共三百把；带环的铁桩，长三尺以上，共三百个；敲打铁桩的大锤，重五斤，柄长二尺以上，共一百二十把。兵士一万人，需要强弩六千架，戟配盾两千套，矛配盾两千套，维修和制造攻城器具，磨砺兵器的能工巧匠三百人。以上是发兵作战所需要的军用装备的大致数目。"武王说："确实需要这些啊！"

三　陈

　　武王问太公曰："凡用兵为天陈^{zhèn}①、地陈②、人陈③，奈何？"太公曰："日月、星辰、斗杓^{biāo}④，一左一右，一向一背，此为天陈；丘陵水泉，亦有前后左右之利，此谓地陈；用车用马，用文用武，此谓人陈。"武王曰："善哉！"

〔注释〕

　　①天陈：根据天象布阵。陈，同"阵"。②地陈：根据地形布阵。③人陈：根据人事布阵。④斗杓：斗柄，指北斗的第五、六、七颗星。北斗共有七颗星，斗身由四颗星组成，称魁；斗柄由三颗星组成，称杓。

〔译文〕

　　武王问太公："大凡用兵布列天阵、地阵、人阵，是什么意思呢？"太公回答说："日月、星辰、斗杓的变幻，一左一右，一前一后，根据天象位置来布阵就叫天阵；丘陵河流泉水，也有前有左右的形式，根据地形山势来布阵就叫地阵；使用战车或骑兵，采用政治斗争或武力征伐，根据不同的战略战术需要来布阵就叫人阵。"武王说："真是太好了！"

疾 战

武王问太公曰："敌人围我，断我前后，绝我粮道，为之奈何？"太公曰："此天下之困兵也①，暴用之则胜②，徐用之则败。如此者，为四武冲陈③，以武车骁骑惊乱其军而疾击之，可以横行。"

武王曰："若已出围地，欲因以为胜，为之奈何？"太公曰："左军疾左，右军疾右，无与敌人争道，中军迭前迭后。敌人虽众，其将可走。"

〔注释〕

①困兵：身陷困境的军队。②暴：突然，迅猛。③四武冲陈：将兵力分门别类排列，以战车或骑兵冲击的阵型。

〔译文〕

武王问太公："如果敌人将我方围困，阻断了前后的联系，断绝了运粮的通道，应该怎么办呢？"太公回答说："这是天下处境最艰难的军队，急速突围就能胜利，拖延迟疑就要失败。像这种情况，把军队排列成'四武冲阵'，利用威猛的战车和骁勇的骑兵搅扰敌军，进而发动突然袭击，可以凭借这一战术横行无阻地突出重围。"

武王又问："如果已经突出重围，还想乘势取得胜利，应该怎么办呢？"太公回答说："以左军迅速进攻敌人的左翼，右军迅速进攻敌人的右翼，不要与敌人争夺道路，再以中军轮番突击，或前或后。敌军即使兵力众多，也将被击退。"

必　出

武王问太公曰："引兵深入诸侯之地，敌人四合而围我，断我归道，绝我粮食。敌人既众，粮食甚多，险阻又固。我欲必出，为之奈何？"

太公曰："必出之道，器械为宝，勇斗为首。审知敌人空虚之地，无人之处，可以必出。将士人持玄旗①，操器械，设衔枚②，夜出。勇力、飞足、冒将之士居前，平垒为军开道③；材士强弩为伏兵居后，弱卒车骑居中。陈毕徐行，慎无惊骇。以武冲扶胥前后拒守④，武翼大橹以备左右⑤。敌人若惊，勇力、冒将之士疾击而前，弱卒车骑以属其后，材士强弩隐伏而处。审候敌人追我，伏兵疾击其后，多其火鼓，若从地出，若从天下。三军勇斗，莫我能御。"

〔注释〕

①玄旗：黑色的旗帜。②衔枚：古代军队在秘密行动时，让兵士口中横衔着枚（像筷子的东西），防止说话，以免敌人发觉。③平垒：占领敌军的营垒。④武冲：冲车。古代的一种战车。⑤武翼大橹：古代一种防卫型战车的名字。

〔译文〕

武王问太公："带兵进入敌国境内，来自四面的敌人合围我军，切断我军的退路，断绝我军的粮道。敌军很多，粮草也充足，占据了显要的地形，守备牢固。此时我想要突围出去，该如何做？"

太公说："突出重围的方法，以器材最为重要，以奋勇战斗为第一要务。寻找敌人的兵力薄弱所在，或者无人防守之处，乘虚进攻，就能突围而出。部署突围时，命将士都手持黑旗，拿着器械，口中衔枚，趁夜行动。让那些勇敢有力、行动轻捷、甘于冒险的将士冲在前面，攻占敌人的营垒，打开前进的通路，勇敢的战士用强弩在队伍的后面设伏掩护，老弱的士卒和车骑行进在中间。行进时沉着冷静，谨慎而不要惊慌。用武冲扶胥护卫前后，以武翼大橹矛戟扶胥掩护左右。倘若敌人对我军的突围行动有所警觉，我军先头部队可快速突击向前，老弱的士卒和车骑紧跟其后，勇武的士兵用强弩居后设伏。等到敌人来追我军时，我军伏兵就迅速打击它的后尾，并且用火光、鼓声扰乱敌人，让他们感觉到我军好似从地而出，从天而降。全军都奋勇杀敌，没有什么敌人能阻拦我军的突围。"

武王曰："前有大水、广堑、深坑，我欲逾渡，无舟楫之备；敌人屯垒，限我军前，塞我归道，斥候常戒，险塞尽中，车骑要我前，勇士击我后，为之奈何？"

太公曰："大水、广堑、深坑，敌人所不守，或能守之，其卒必寡。若此者，以飞江、转关与天潢以济吾军①，勇力材士从我所指，冲敌绝阵，皆致其死。先燔吾辎重②，烧吾粮食。明告吏士，勇斗则生，不勇则死。已出者，令我踵军设云火远候③，必依草木、丘墓、险阻，敌人车骑必不敢远追长驱。因以火为记，先出者令至火而止，为四武冲陈。如此，则吾三军精锐勇斗，莫我能止。"武王曰："善哉！"

〔注释〕

①天潢：古代作战渡水用的大船。②燔：焚烧之意。③云火：古时边境报警的烟火。

〔译文〕

武王说："倘若面前有大河、宽堑、深坑相阻，我军想要渡过，却并没有准备船只；敌人屯兵筑垒，阻拦我军的前进，截断我军的归路，观察岗哨也戒备森严，险要之地尽在敌手，敌人的战车和骑兵阻拦在前，勇士追击我军后方，我军该如何做呢？"

太公说："对于那些大河、宽堑和深坑，敌人基本不会设防，即使设防，兵力也不会有多少。要是这样，可通过飞江，转关辘轳和天潢运渡我军，勇武之士依照既定方向，冲锋陷阵，拼死杀敌。首先烧掉我军的辎重，烧毁我军粮食，然后明示我军将士，勇斗才能生存，怯战就会死亡。已经脱出重围，就让我军的后卫部队设置烽火信号相互联络，占据丛林、坟墓和险阻的地势，伏击敌人，这样敌人的战车和骑兵肯定不敢长驱远追了。之所以以烽火为信号，是让先突围的部队赶往有火的地方，然后编成'四武冲阵'。这样，我方三军将士都精锐善战，再厉害的敌人也无法阻拦我军了。"武王说："说得真好啊！"

军 略

武王问太公曰："引兵深入诸侯之地，遇深溪、大谷、险阻之水，吾三军未得毕济[1]，而天暴雨，流水大至，后不得属于前，无有舟梁之备[2]，又无水草之资，吾欲必济，使三军不稽留，为之奈何？"

太公曰："凡帅师将众，虑不先设，器械不备，教不素信，士卒不习，若此，不可以为王者之兵也。凡三军有大事，莫不习用器械。攻城围邑，则有轒辒、临冲[3]；视城中，则有云梯、飞楼[4]；三军行止，则有武冲、大橹前后拒守；绝道遮街，则有材士、强弩，卫其两旁[5]；设营垒，则有天罗、武落[6]、行马、蒺藜。昼则登云梯远望，立五色旗旌；夜则设云火万炬，击雷鼓，振鼙铎⑦，吹鸣笳⑧；越沟堑，则有飞桥、转关、辘轳、钼锯；济大水，则有天潢、飞江；逆波上流，则有浮海、绝江⑨。三军用备，主将何忧！"

〔注释〕

①济：渡，过河。②梁：架在水上的桥梁。③辒辒：古代一种军事车辆，用于攻城的一种车辆。下设四轮，上用皮革蒙住，里面可以装下十个人，用来运土填掩壕沟。临冲：两种攻城车辆，临车是以上视下的车辆，冲车用来冲撞城门。④飞楼：攻城用的一种楼车。⑤卫：另本作"冲"，疑误。⑥武落：虎落，遮护城堡或营寨的竹篱。⑦鼙：古代军中的一种小鼓。铎：古代乐器名，形状好似大铃，振舌发声。⑧笳：古代一种竹制管乐器名。⑨浮海、绝江：古代两种渡河器材。

〔译文〕

武王问太公说："领兵深入别国境内，如果遇到了深深的溪水、陡峭的峡谷和极难通过的河流，我军还没有全部渡过去，忽然天降暴雨，水势大涨，后面还没有渡过的军队被水阻拦住，既没有船只桥梁，饮水、粮草的供给又很缺乏，面临这种情况，我军想完全渡过河去，不在这里停留过久，应该怎样做？"

太公说："凡是率领军队行动，如果没有事先制订好计划，准备好器械，平时训练还不完善，士卒的动作不熟练，这样就算不上王者的军队了。军队大举行动，都离不开对各种器械的熟练应用。比如攻城围邑，就要用到'辒辒’‘临车’‘冲车’；侦查城内的情况，就要用到‘云梯’‘飞楼’；军队前进或者是停止，就用‘武冲’‘大橹’在前后掩护；要想断绝交通，阻断街道，就可以技高、勇敢的兵卒手持强弩，控制两侧；安营扎寨，这要用到‘天罗’‘武落’‘行马’‘蒺藜’做好防护；白天可以登上云梯眺望远方，设立五色旌旗传递信息；夜晚就设好烟火、火炬，并且通过击打‘雷鼓’，振动鼙铎，吹响鸣笳来进行沟通指挥；跨越沟壕，就要用到飞桥、转关、辘轳、鉏铻；横渡大河，‘天潢’‘飞江’就可以派上用场；逆流而行，‘浮海’‘绝江’就有了用武之地。如果这些军队常用的器材一应俱全，那么主将还有什么可担忧的！”

临境

武王问太公曰：“吾与敌人临境相拒，彼可以来，我可以往，陈皆坚固[①]，莫敢先举。我欲往而袭之，彼亦可来，为之奈何？”

太公曰：“分兵三处：令我前军，深沟增垒而无出，列旗，击鼙(pí)鼓，完为守备。令我后军，多积粮食，无使敌人知我意。发我锐士潜袭其中[②]，击其不意，攻其无备。敌人不知我情，则止不来矣。”

武王曰：“敌人知我之情，通我之谋[③]，动而得我事，其锐士伏于深草，要隘路，击

六韬·三略

我便处④，为之奈何？"

太公曰："令我前军日出挑战，以劳其意；令我老弱曳柴扬尘⑤，鼓呼而往来⑥，或出其左，或出其右，去敌无过百步，其将必劳，其卒必骇。如此，则敌人不敢来。吾往者不止，或袭其内，或击其外，三军疾战，敌人必败。"

〔注释〕

①陈：指军队列的阵。②锐士：精锐的部队。③通：知晓、知道。④便处：指防守薄弱的地方。便，简单。⑤曳柴扬尘：拖曳着柴草乱跑，让尘土四散飞扬起来，好迷惑敌人。⑥鼓呼：擂鼓、呐喊。

〔译文〕

武王问太公说："我军和敌军在边境上对峙之时，敌军可以对我发起进攻，我军也可以对敌人发起进攻，双方的阵势都很坚固，谁也不敢贸然采取行动。我想前去袭击敌人，又担心敌人前来袭击我军，应该怎么办？"

太公说："如果遇到这种情况下，就将我军分成前、中、后三个部分，令前军挖深沟、筑高垒，不要出战，只列旌旗，击鼙鼓，作好充分的战斗准备。令后军多积粮食，不可让敌方知道我方的意图。然后派出精锐部队偷袭敌人后方，出其不意，攻其不备，袭扰敌军。这样敌方便不了解我方情况，也就不敢贸然进攻了。"

武王问："如果敌人了解了我军的情况，知道了我军的意图，我军一采取行动敌人就已经知道我方的目的，便

一一〇

派出精锐部队埋伏在深草丛中等隐蔽的地方，卡在我方必经的隘路之上，偷袭我方防守薄弱的地方，我方应该如何应对？"

太公说："令我前军每天出发挑战敌军，让他们的斗志松懈；令我军中老弱的士卒拖动着树枝奔跑，扬起尘土，击鼓呐喊，往来不停，以虚张声势。或者在敌人的右边，或者在敌人的左边，距离敌人在百步之内，这样，在我方的持续骚扰下，敌方的将帅必定精神疲惫，敌方的士卒必定会非常惊恐。如此敌人便不再敢进攻。我军不停地这样骚扰，或者偷袭敌军内部，或者攻击外部，最后，全军猛地发起进攻，敌人必定会被打败。"

动　静

武王问太公曰："引兵深入诸侯之地，与敌之军相当，两陈相望，众寡强弱相等，未敢先举。吾欲令敌人将帅恐惧，士卒心伤，行陈不固，后陈欲走，前陈数顾①，鼓噪而乘之②，敌人遂走，为之奈何？"

太公曰："如此者，发我兵去寇十里而伏其两旁，车骑百里而越其前后，多其旌旗，益其金鼓③。战合，鼓噪而俱起。敌将必恐，其军惊骇，众寡不相救，贵贱不相待④，敌人必败。"

六韬·三略

云长擂鼓斩蔡阳

　　古代军阵中以击鼓指挥军队前进，鼓声的轻重缓急能调节作战情绪，鼓舞军队士气。重重的擂鼓声就表示要发起冲锋，与敌军交战。图中描绘的是关云长在张飞一通鼓声未落前已将蔡阳的人头砍落的情景。

一二〇

〔注释〕

①数顾：总回头看，这里指动摇。②鼓噪：擂鼓呐喊。③益：增多。④待：照顾。

〔译文〕

武王问太公："领兵深入敌国作战，敌我双方势均力敌，两军相对，实力相当，谁也不敢先采取行动。这时我想让敌人上下恐惧悲观，阵势不稳，后边的想要逃跑，前边的也发生了动摇，然后，我军擂鼓呐喊乘势进攻，从而让敌人溃跑，应该怎样做？"

太公说："要想做到这样，先派出一支部队绕到敌人后方十里的地方，埋伏在道路两旁；再派出一支战车和骑兵部队远出百里，迂回到敌军的大后方，再让各部队多多准备旌旗战鼓。各军同时发动进攻，摇旗擂鼓大声呐喊，这样必然会让敌军将帅恐惧，全军惊骇，导致敌军混乱，自顾不暇，互不救援，被我军打败。"

武王曰："敌之地势，不可以伏其两旁，车骑又无以越其前后，敌知我虑，先施其备。我士卒心伤，将帅恐惧，战则不胜，为之奈何？"

太公曰："微哉，王之问也！如此者，先战五日，发我远候，往视其动静，审候其来，设伏而待之。必于死地，与敌相避，远我旌旗，疏我行陈①，必奔其前。与敌相当，战合而走，击金无止。三里而还，伏兵乃起，或陷其两旁，或击其先后。三军疾战，敌人必走。”武王曰：“善哉！”

〔注释〕

①疏我行陈：将我军的阵势疏散开来，给敌人造成一种我军军心涣散的错觉。

〔译文〕

武王说：“如果敌方的地势令我军无法在两旁设伏，我军的车骑又不能迂回到敌人的深远后方，同时敌人又已经掌握我军的意图，事先做好了准备，所以我军士卒悲观，将帅惊恐，即便进攻也不会取胜，这时应该怎么办？”

太公说：“大王问的问题真是很微妙、很深刻啊！如果遇到这种情况，那就在发起进攻前的五天向四面远出派出人员进行侦察，刺探敌人的动静，判断分析敌军准备发动进攻的征候，预先设下伏兵以逸待劳。一定要选在对敌人最为不利的‘死地’和敌人交战，我军的先头部队避免和敌军进行正面交锋，同时将军中的旌旗四散分开，再疏散我军行列的间距，必须要跑在敌军的前面。再与敌军接战，一接触就撤退，故意不停地鸣金表示收兵。后退三里之后再转回头发动反击，这时事先预备好的伏兵也乘机而起，可以冲击敌军的两翼，也可以抄袭敌军的前后，全军将士猛冲猛打，肯定会让敌人大败而逃。”武王说：“说得真好啊！”

金　鼓

武王问太公曰：“引兵深入诸侯之地，与敌相当。而天大寒甚暑，日夜霖雨①，旬日不止，沟垒悉坏，隘塞不守，斥候懈怠②，士卒不戒。敌人夜来，三军无备，上下惑乱，为之奈何？”

太公曰：“凡三军以戒为固，以怠为败。令我垒上，谁何不绝，人执旌旗，外内相望，以号相命，勿令乏音，而皆外向。三千人为一屯，诫而约之，各慎其处。敌人若来，视我军之警戒，至而必还，力尽气怠。发我锐士，随而击之。”

武王曰：“敌人知我随之，而伏其锐士，佯北不止，过伏而还，或击我前，或击我后，或薄我垒。吾三军大恐，扰乱失次，离其处所，为之奈何？”

太公曰：“分为三队，随而追之，勿越其伏。三队俱至，或击其前后，或陷其两旁，明号审令，疾击而前，敌人必败。”

〔注释〕

①霖雨：连绵的大雨。②斥候：指侦查、候望的人。

〔译文〕

武王问太公：“领兵深入敌国境内，敌我势均力敌，如果赶上严寒、酷暑，或者是连绵十几天的大雨，战壕营垒全部塌毁，险隘关塞也无法坚守，侦察、放哨的人都麻痹、懈怠，士兵们也疏于戒备，如果敌人这时乘夜来袭，我军毫无准备，从上到下都在困惑混乱，对此应该怎样处理？"

太公说："大凡军队只有戒备森严才能稳固，如果松懈肯定要失败。要让我军的营垒之内，口令呼应之声不绝于耳，执勤的人员手持旗帜，联络营垒内外，通过号令传送命令，金鼓之声不可断绝，士卒要始终面向敌人方向，作好战斗准备。以三千人为一屯，对他们谆谆告诫，严加约束，让他们在守备岗位上万分慎重。如果敌人此时来犯，看到我军戒备如此森严，即便迫近到我军阵前，也会不战而退，这时我方应该趁敌人力尽气竭之时，派出一支精锐部队紧随敌后，对敌人发动猛攻。"

武王说："如果敌人知道我军要跟踪追击，便事先埋伏下精锐部队，然后假装大败退而不止，当我军追击追到了敌军埋伏的地方时，伏兵四起，这时敌人也会转回头配合伏兵向我反击，或者攻击我军前队，或者攻击我军后队，或者进逼我营军垒，我军因而陷入恐慌，阵脚大乱，纷纷离开自己在阵中的位置，此时应如何应对？"

太公说："如果遭遇这种情况，就将我军分为三路分开跟踪追击敌人，不可进入敌人的伏击圈，同时要力争在到达敌人的伏击圈前就三队同时追上敌人，有的对敌人的前后进行堵截追击，有的对敌人的两翼进行攻击，还要严明号令，让士卒猛冲猛打，敌人一定会被打败。"

绝　道

武王问太公曰："引兵深入诸侯之地，与敌相守。敌人绝我粮道，又越我前后①，吾欲战则不可胜，欲守则不可久，为之奈何？"

太公曰："凡深入敌人之地，必察地之形势，务求便利，依山林、险阻、水泉、林木而为之固，谨守关梁②，又知城邑、丘墓地形之利。如是，则我军坚固，敌人不能绝我粮道，又不能越我前后。"

〔注释〕

①越我前后：指敌人一部迂回到我军侧后方，对我军前后夹击。②关梁：关隘、桥梁。

〔译文〕

武王问太公说："领兵深入敌国境内，与敌军对峙，这时敌人将我军粮道截断了，又分兵迂回到我军后方，对我军进行前后夹击。我想和敌军作战恐怕无法取胜，想防守不出恐怕又不能持久，这时应该怎么办？"

太公说："凡是深入敌国境内作战，一定要对该地地理形势进行观察，争取占住有利地形，可以依托山林、险阻、水泉、林木等有利地势以稳固阵势，还要严守关隘桥梁，对城邑、丘墓等有利地形了如指掌。这样我军的防守才能坚固，敌人就不能断我道，也不能迂回到我军侧后方，前后夹击我军了。"

武王曰："吾三军过大陵、广泽、平易之地①，吾盟误失②，卒与敌人相薄③，以战则不胜，以守则不固，敌人翼我两旁，越我前后，三军大恐，为之奈何？"

太公曰："凡帅师之法，当先发远候，去

敌二百里，审知敌人所在。地势不利，则以武冲为垒而前，又置两踵军于后，远者百里，近者五十里。即有警急，前后相救，吾三军常完坚，必无毁伤。"武王曰："善哉！"

〔注释〕

①大陵：高大的山。广泽：宽广的河湖地区。平易：平坦。②盟：盟军、友军。误失：指盟军失期未到。③相薄：相迫近，这里指两军狭路相逢、猝然遭遇。

〔译文〕

武王说："我军行军路过大山、水网地带还有平坦地段时，盟军失期未到，突然遭遇敌军，想进攻又担心不能取胜，想防守又不能巩固，这时敌人从两侧将我军包围，又在我军前后迂回，我军上下大为恐惧，此时应如何处理？"

太公说："统军作战的方法都要求我军行军之时，要向前方派出侦察人员，在敌人距离我军还有二百里时，我军就需要彻底了解敌军所在的位置。如果地势对我军行动不利，那么就用武冲战车在前面开路行进，再在后军编两支'踵军'，和主力的距离远一点可以是一百里，近一点可以是五十里。一旦遭遇紧急情况，前后便可以互相救援，如果我军能够保持住这种完善、巩固的部署，也就不会为敌人所杀伤了。"武王说："说得真好啊！"

略　地

武王问太公曰:"战胜深入,略其地①,有大城不可下。其别军守险与我相拒②,我欲攻城围邑,恐其别军卒至而击我③,中外④相合,击我表里⑤,三军大乱,上下恐骇,为之奈何?"

太公曰:"凡攻城围邑,车骑必远,屯卫警戒,阻其外内。中人绝粮⑥,外不得输,城人恐怖⑦,其将必降。"

〔注释〕

①略:抢掠、夺取。②别军:这里指敌军的另一支部队。③卒:突然。④中外:中指的是敌城中的守军,外指的是城外的"别军"。⑤表里:外面和里面。⑥中人:这里指被围困在城中的敌军。⑦城人:这里城中的军民。

〔译文〕

武王问太公说:"乘胜追击深入敌国境内,占领敌国的土地,还有一座大城仍在敌国手中,在城外还有一支敌军凭险固守,和我军相持不下。我想围攻大城,又担心城外那支敌军趁机偷袭我,城中的守军再予以呼应,内外夹击我军,我军必定大乱,上下大骇,这时应该怎样做?"

太公说:"凡是在攻城围邑时,就应该将战车、骑兵部署在离城较远的地方,担任守卫和警戒的任务,阻断城内敌人和外面敌人的联系。这样时间长了,城中粮食缺乏，外面的粮食又运不进来，城中的军民就会发生恐慌，这样守城的将领只好投降。”

武王曰：“中人绝粮，外不得输，阴为约誓，相与密谋，夜出穷寇死战，其车骑锐士，或冲我内，或击我外，士卒迷惑，三军败乱，为之奈何？”

太公曰：“如此者，当分军为三军，谨视地形而处。审知敌人别军所在，及其大城别堡，为之置遗缺之道，以利其心，谨备勿失。敌人恐惧，不入山林，即归大邑，走其别军。车骑远要其前，勿令遗脱。中人以为先出者得其径道，其练卒材士必出，其老弱独在。车骑深入长驱，敌人之军必莫敢至。慎勿与战，绝其粮道，围而守之，必久其日。无燔人积聚①，无坏人宫室，冢树社丛勿伐②，降者勿杀，得而勿戮，示之以仁义，施之以厚德，令其士民曰：‘罪在一人。’如此，则天下和服。”武王曰：“善哉！”

〔注释〕

①燔：焚烧。积聚：这里指粮食。②冢树：坟地中的树木。社丛：社神庙旁边的树林。社，古代祭祀神灵的地方。

〔译文〕

武王问："城中的敌人断了粮，城外的粮食运不进来，这时敌人密谋准备突围，乘夜出城以命相搏，用车骑精锐部队对我军的营内营外发动冲击，导致我军士卒惶惑，全军大败，我应该如何应对？"

太公说："如果遇到这种情况，就应该将我军分成三队，谨慎地选择地形屯驻部队。首先，了解敌军城外部队的状况，还有附近的大城池、堡垒的情况，然后在围城的包围圈中为被围的敌人虚留一条道路，诱使敌人外逃，一定要小心谨慎，不能让敌人逃出去。被围的敌人心怀恐惧，不是想逃进深山密林，就是想逃到别的大城池去，或者去投靠城外的'别军'。分出一支战车和骑兵部队在距城池较远的地方将敌人突围的先头部队拦截住，不让他们脱出包围圈去。这时守城的敌军就会做出错误判断，以为他们的先头部队已经突围成功，已经将突围道路打通，城中的精锐士卒肯定会继续突围，留在城中的只有老弱残兵了。这时我军出动战车和骑兵深入长驱，敌人一定不敢再继续突围，这时我军也不必急于进攻，只要将敌人粮道断绝，围城而不打，时间一长，敌人就会束手就擒。攻克敌军城池以后，不可焚烧粮食，不可毁坏房屋，坟地里、里社旁的树木都不可砍伐，已经投降的就不要杀戮，被俘的敌人也不可虐待，要以仁义对待敌国人民，施与他们恩德，再对敌国士民宣告：'所有的罪责都是无道君主一人的，与百姓无关。'这样，天下人都会对您心悦诚服。"武王说："说得真好啊！"

火 战

武王问太公曰:"引兵深入诸侯之地,遇深草蓊秽①,周吾军前后左右,三军行数百里,人马疲倦休止。敌人因天燥疾风之利,燔吾上风,车骑锐士坚伏吾后,吾三军恐怖,散乱而走,为之奈何?"

太公曰:"若此者,则以云梯、飞楼远望左右,谨察前后。见火起,即燔吾前而广延之②,又燔吾后。敌人若至,则引军而却,按黑地而坚处③。敌人之来,犹在吾后,见火起,必还走。吾按黑地而处,强弩材士卫吾左右,又燔吾前后。若此,则敌不能害我。"

武王曰:"敌人燔吾左右,又燔吾前后,烟覆吾军。其大兵按黑地而起,为之奈何?"太公曰:"若此者,为四武冲陈,强弩翼吾左右,其法无胜亦无负。"

〔注释〕

①蓊秽:草木茂盛。蓊,草木茂盛的样子。秽,田中多杂草,荒芜的样子。②即燔吾前而广延之:意为敌人在我军前方放火,我军则也立刻在前方放火,并让其朝前烧去,这样便将前方的草烧没了,敌人放的火烧到这里也

六韜

赤壁纵火

　　东汉建安十三年（208）十一月，孙刘联军与曹军对峙于赤壁。曹操将战船首尾相连，结为一体，以利演练水军，伺机攻战。诸葛亮预见东风，周瑜便采纳火攻计，致书曹操诈降，择时率蒙冲斗舰乘东风驶入曹军水寨纵火。曹军船阵被烧，孙刘联军乘势出击，曹军死伤过半。

就灭了。③黑地：大火烧过后的土地。

〔译文〕

武王问太公说："领兵深入敌国境内，穿行在茂密的草丛当中，我军已经行军几百里地，人困马乏，急需宿营休息。这时敌人趁着天干风紧，在我军上风头放火，敌军的战车、骑兵等精锐部队又埋伏在我军的后方，我军顿时陷入恐慌，散乱逃跑，应当如何应对？"

太公说："在草地宿营，一定要竖起云梯、飞楼，登高眺望前后左右情况，一旦发现敌人在我军上风放火，就顺着风向在离我军较远的前方也放起火来，扩大火焚面积。同时在我军的后方也放起火来，烧出一块'黑地'，如果敌人对我军发动进攻，我方就可以将军队撤到这块黑地上坚守。准备围攻的敌人这时还在我军后方，看到火起就会退走。我军在黑地上布阵，在两翼部署勇士强弩加以掩护，随后又放火将我军阵地前后的树木草丛都烧干净，这样，敌人就不能再袭击我军了。"

武王问："如果敌人既在我军的左右放火，又在前后放火，导致我军为浓重的烟雾所笼罩，而敌军趁机通过燃烧过的黑地对我军发动袭击，我军应当如何应对？"太公说："如果遇到这种情况，可命我军布成'四武冲阵'，以强弩掩护左右两翼，这种办法即便不能取胜，也不会失败。"

垒　虚

武王问太公曰："何以知敌垒之虚实，自来自去？"太公曰："将必上知天道，下知地理，中知人事。登高下望，以观敌之变动。望其垒，即知其虚实。望其士卒，则知其去来。"

武王曰："何以知之？"太公曰："听其鼓无音，铎无声，望其垒上多飞鸟而不惊，上无氛气①，必知敌诈而为偶人也②。敌人卒去不远，未定而复返者，彼用其士卒太疾也③。太疾则前后不相次④，不相次则行陈必乱。如此者，急出兵击之，以少击众，则必胜矣。"

〔注释〕
　　①氛气：尘烟。②偶：指用土木或稻草做成的、用以诱敌的假人。③疾：同"急"。④相次：连贯，连接，一个接一个。

〔译文〕
　　武王问太公："如何才能知道敌人营垒的虚实还有敌军调动的情况？"太公说："为将者，要做到上知'天道'，下知'地理'，中知'人事'。登高远眺敌军的营垒，便可观察敌军的动静。眺望敌人的营垒，可以知道敌人内部的虚实。观察士卒的动态，可以知道他调动的状况。"
　　武王问："怎样才能知道呢？"太公说："如果没有听到敌人的鼓声和铎声，眺望敌营垒之上，又有很多盘旋飞鸟一点都不惊惧，空中也没有飞扬的尘烟，那么这一定是一座空营，里面只有一些假人。如果敌人仓促撤退没多远，还没有停下来就有又返回来的，这表明敌人军队调动过于忙乱。过于忙乱，前后就没有了秩序，没有秩序，阵势就会陷入混乱。如果遇到这种情况，我军可以迅速出动进攻，即便是以少击众，也一定会取得胜利。"

豹韬

林战

武王问太公曰："引兵深入诸侯之地，遇大林，与敌分林相拒①，吾欲以守则固，以战则胜，为之奈何？"

太公曰："使吾三军分为冲陈②，便兵所处，弓弩为表，戟楯为里③。斩除草木，极广吾道，以便战所。高置旌旗，谨敕三军④，无使敌人知吾之情，是谓林战。林战之法，率吾矛戟，相与为伍⑤，林间木疏，以骑为辅，战车居前，见便则战，不见便则止。林多险阻，必置冲陈，以备前后。三军疾战，敌人虽众，其将可走。更战更息⑥，各按其部，是谓林战之纪。"

〔注释〕

①分林：敌我双方各占据一部分森林地带，互相对峙。②冲陈：利用战车冲击的阵势。③戟楯：即"戟盾"，戟与盾牌为两种兵器。④谨敕：严格约束。⑤伍：古代军队的一个编制单位，五人为一伍。⑥更战更息：士兵们交替着战斗和休息。

〔译文〕

武王问太公："领兵深入敌国境内，在一片大树林中和敌人遭遇，各占一部分对峙，我想做到坚固的防御，想做到能取胜的进攻，应该怎样做？"

太公说："我军列'四武冲阵'，部署在有利于作战的地方，弓弩在外，戟盾在内。将附近的草木通通砍伐掉，保持道路畅通，好方便战斗。高悬旗帜，以保持联络通畅，对手下兵将严格约束，不让敌人了解我军情况，这些就是在林地中作战应遵守的原则。林地作战的方法如下：将我军手持矛戟的士兵编成小分队，在树林中树木较为稀疏的地方，以骑兵辅助作战，将战车部署在最前面，发现有利的战机就打，没有则不打。如果林中地势较为险恶，那就要结成'四武冲阵'，防止敌人袭击我军前后。作战时全军一定要迅速投入战斗，敌人即便人数众多，也可被我战胜打败，其将领大败而逃。部队要轮流作战、休息，按照各自的编组各司其职，这是在林地中战斗所应遵守的原则。"

突 战

武王问太公曰："敌人深入长驱，侵掠我地，驱我牛马，其三军大至，薄我城下。吾士卒大恐，人民系累为敌所虏①。吾欲以守则固，以战则胜，为之奈何？"

太公曰："如此者，谓之突兵②。其牛马必不得食，士卒绝粮，暴击而前③。令我远邑别军④，选其锐士，疾击其后。审其期日⑤，必会于晦⑥。三军疾战，敌人虽众，其将可虏。”

〔注释〕

①系累：拘禁、絷缚。②突兵：担任突击作战任务的部队。③暴击：突击，勇猛地向前冲。④远邑别军：我军驻扎在别处城池的部队。⑤审：计划。期日：约定的日期。⑥晦：这里指昏暗、没有月光的夜晚。

〔译文〕

武王问太公说：“敌军深入我国境内，长驱直入，侵占我国的土地，抢掠我国的牛马，其兵临我方城下，我军士卒内心恐惧，人民被敌军拘禁做了俘虏。在这种情况下，我想做到坚固的防守，想实施可以获胜的战斗，应该怎样做？”

太公说：“这样的敌军是敌军中担任突击任务的部队。其军中牛马必然缺乏饲料，士卒也会缺少粮食，所以只能拼死向我军进攻。这时应命令我军在城外远方的军队，挑选精锐迅速对敌军的后方发起袭击。一定详细准确地制定好作战时间，一定要选在月黑风高时，以利于我军主力配合作战。我军上下猛烈地对敌发起进攻，敌人虽多，我军也可以将其打败，俘虏其将。”

武王曰：“敌人分为三四，或战而侵掠我地，或止而收我牛马。其大军未尽至，而使寇薄我城下，致吾三军恐惧，为之奈何？”

太公曰：“谨候敌人未尽至，则设备而待之。去城四里而为垒，金鼓旌旗皆列而张。别队为伏兵。令我垒上多积强弩，百步一突门①，门有行马②，车骑居外，勇力锐士隐伏而处。敌人若至，使我轻卒合战而佯走。令我城上立旌旗，击鼙鼓，完为守备。敌人以我为守城，必薄我城下。发吾伏兵，以冲其内，或击其外。三军疾战，或击其前，或击其后。勇者不得斗，轻者不及走。名曰'突战'。敌人虽众，其将必走。"武王曰："善哉！"

〔注释〕

①突门：在城墙或垒壁上预先开设的暗门，方便部队突然出击。一般是城墙内侧向外侧挖，但是并不挖透，留四五寸的薄墙，防止敌人发现。部队出击时再将薄墙推倒，由此冲出。②行马：放在门前阻拦人马通行的木架子。

〔译文〕

武王说："敌军分成几部分，有的大肆攻取侵占我国的土地，有的驻留下来掠夺我国的牛马。敌军的主力还没有完全到达，而以一部分兵力进逼我军城下，导致我军上下恐惧不已，我此时应该如何处理？"

太公说："应该仔细了解敌情，在敌人还没有完全到达之前就做好战斗准备，严阵以待。在离城四里的地方构筑营垒，大张旗鼓，此外再派一部分兵力埋伏在此。营垒之上多多部署强弩，每隔百步设一突门，门外布设行马，战车、骑兵等也部署在营垒外面，劲勇的士兵埋伏在里面。敌人如果到来，我军便派出小股部队和敌接战便佯败退。这时我军城上大张旗帜，猛击鼙鼓，也作好防守的准备，这时敌人便会误以为我军主力全在城中守城，必然逼近城下。这时我军伏兵突然出动，对敌人阵中阵外猛冲猛打，这时我军主力也勇猛出击，对敌军的前后进行攻击，使敌人中勇战的也抵抗不住，轻装的也来不及逃跑。这种战法叫作'突战'。敌人虽然多，也将为我军战败，其将领大败而逃。"武王说："说得真好啊！"

敌 强

武王问太公曰："引兵深入诸侯之地，与敌人冲军相当①，敌众我寡，敌强我弱，敌人夜来，或攻吾左，或攻吾右，三军震动。吾欲以战则胜，以守则固，为之奈何？"

太公曰："如此者，谓之'震寇'。利以出战，不可以守。选吾材士强弩，车骑为之左右，疾击其前，急攻其后，或击其表，或击其里，其卒必乱，其将必骇。"

武王曰："敌人远遮我前，急攻我后，断我锐兵，绝我材士，吾内外不得相闻，三军扰乱，皆散而走，士卒无斗志，将吏无守心，为之奈何？"

太公曰："明哉，王之问也！当明号审令，

出我勇锐冒将之士②，人操炬火③，二人同鼓，必知敌人所在，或击其表，或击其里。微号相知④，令之灭火，鼓音皆止，中外相应，期约皆当。三军疾战，敌必败亡。"武王曰："善哉！"

〔注释〕

①冲军：担任突击作战任务的部队。②冒将：勇猛。③炬火：火炬、火把。④微号：指暗号。

〔译文〕

武王问太公："领兵深入敌国境内，遭遇敌人突击部队，敌众我寡，敌强我弱，而敌人又趁着黑夜来偷袭，对我军的两翼发起攻击，我军震动。我想做到进攻胜利，防守牢固，应该怎样做？"

太公说："这样的敌人，被称为'震寇'。我军出战有利，不宜防守。要挑选士兵中的勇猛之辈手持强弩，左右两翼为战车、骑兵，对敌人的正面发起迅猛攻击，猛烈袭击敌人的后方，或者攻击敌人的阵外，或者攻入敌人阵中，敌军必然陷入大乱，敌军的将帅也会惊惶失措。"

武王说："敌人在远处对我军的前部进行阻截，又猛烈攻击我军的后方，将我军精锐的救兵阻拦在外，阻绝我军勇武之士前往救援，导致我军内外失去联系，全军陷入混乱，人人四散逃走，士卒都没有斗志，将吏也无心固守，此时应该如何是好？"

太公说："君王您提出的问题真是高明啊！在这种情况下，我军首先应该明确发出的号令，挑选出我军勇猛精锐的士卒，让每人都手持火炬，二人同击一鼓，这样便可以探知敌人的准确位置，然后调度部署军队，有的对敌人

六韬

一三一

六韬·三略

败走华容道

　　曹操在夺取荆州后，马不停蹄地率领二十多万水陆大军顺江东下，计划一举消灭刘备和孙权，实现统一全国的宏愿，可是他被胜利冲昏了头脑，骄傲轻敌，结果被孙刘联军火烧赤壁，仓皇溃逃，败走华容道。

的外围发动攻击，有的冲杀到敌人内部。我军上下通过暗号相互识别，然后扑灭火炬，停止击鼓，内外策应，全部按事先计划准确执行。我军迅猛作战，敌人必定败亡。"武王说："说得真好啊！"

敌 武

武王问太公曰："引兵深入诸侯之地，卒遇敌人，甚众且武，武车骁骑绕我左右，吾三军皆震，走不可止，为之奈何？"

太公曰："如此者，谓之'败兵'。善者以胜，不善者以亡。"

〔译文〕

武王问太公说："领兵深入敌国境内，猝然遭遇敌人，敌人在数量上超越我军而且都是勇猛善战之辈，他们出动厉害的战车和骁勇的骑兵将我军两翼包围，我军震骇，四散奔逃，无法阻挡，此时应该怎么办？"

太公说："这样的军队叫作'败兵'。处理好了便可以取胜，如果处理得不好就会败亡。"

武王曰："用之奈何？"太公曰："伏我材士强弩，武车骁骑为之左右，常去前后三里。敌人逐我，发我车骑，冲其左右，如此，则敌人扰乱，吾走者自止。"

武王曰："敌人与我车骑相当，敌众我少，

敌强我弱，其来整治精锐，吾陈不敢当，为之奈何？"太公曰："选我材士强弩，伏于左右，车骑坚陈而处。敌人过我伏兵，积弩射其左右，车骑锐兵疾击其军，或击其前，或击其后。敌人虽众，其将必走。"武王曰："善哉！"

〔译文〕

武王说："那么具体该怎样做？"太公说："将我军的强弩勇士埋伏起来，再在他们的左右部署上威力大的战车和骁勇的骑兵，将伏击的区域选在距离我军主力前后约三里地的地方。敌人如果追击，那么我军的战车、骑兵便出动，对敌军的两翼展开冲击。这样敌人就会陷入混乱，我军那些逃跑的士卒就不再逃了。"

武王说："我军的战车、骑兵遭遇敌军，敌众我寡，敌强我弱，敌军阵势整齐，又都是精兵强将，我军势弱难以抵挡，此时应当怎么办？"太公说："挑选我军中的勇猛之士手持强弩埋伏在两旁，再将战车骑兵布成坚固的阵势严加防守。如果敌人通过我军埋伏的地方，我军便集中弓弩手猛攻敌军两翼，再出动战车、骑兵和精锐的士兵对敌人发动猛攻，可以攻击敌军的正面，也可以进攻它的后方，敌军即便人多势众，也必定会被我军打败。"武王说："说得真好啊！"

乌云山兵

武王问太公曰："引兵深入诸侯之地，遇高山磐石，其上亭亭无有草木，四面受敌，吾三军恐惧，士卒迷惑。吾欲以守则固，以战则胜，为之奈何？"

太公曰："凡三军处山之高，则为敌所栖；处山之下，则为敌所因。既以被山而处，必为乌云之陈①。乌云之陈，阴阳皆备，或屯其阴，或屯其阳。处山之阳，备山之阴；处山之阴，备山之阳；处山之左，备山之右；处山之右，备山之左。其山敌所能陵者，兵备其表。衢道通谷，绝以武车，高置旌旗，谨勅三军，无使敌人知吾之情，是谓山城。行列已定，士卒已陈，法令已行，奇正已设，各置冲陈于山之表，便兵所处，乃分车骑为乌云之陈。三军疾战，敌人虽众，其将可擒。"

〔注释〕

①乌云之阵：如鸟雀之聚散无常，时分时合。

〔译文〕

武王问太公："领兵深入敌国境内，遇到巨石横生的高山，山峰高耸，上面没有草木，我军四面受敌，全军上下万分恐惧，士兵惶恐不安。我想做到稳固的防守，或者实施可以获胜的进攻，应该怎样做？"

太公说："但凡军队占据山顶，就很容易被敌人隔绝住，想要下山很困难；处在山麓，也容易被敌人包围囚禁，不得自由。我军如果在山地作战，那就一定要布成鸟云之阵。所谓鸟云之阵，就是在部署军队时，山南山北各个方向都要加以戒备，既要在山的北面加以防守，又要在山的南面布下兵力。军队驻扎在山的南面，就要严加戒备山的北面；驻扎在山的北面，就要戒备山的南面；驻扎在山的左面，就不可放松对山的右面的戒备；驻扎在山的右面，也不可放松对山的左面的防备。只要是敌人可以攀登上来的地方，就要派兵严守。交通要道还有可以通行的谷地，要用战车加以阻绝，旗帜高挂以保持联络，号令三军不可松懈，不可让敌人侦察到我军情况，在军队驻扎的山地布下坚固的防御，这叫作'山城'。部队的行列已经排定，作战的士卒已经列好阵，严明的法令已经颁布，奇正的方略已经确定，各部队都已经编成了'冲阵'，部署比较突出的高地，有利于作战的地方，再把战车、骑兵也布成鸟云之阵。当敌人发动进攻时，我军迅猛战斗，即便敌军人数上占优，也必然为我军所打败，其将领也被我军俘获。"

鸟云泽兵

武王问太公曰："引兵深入诸侯之地，与敌人临水相拒，敌富而众，我贫而寡。逾水击之则不能前，欲久其日则粮食少。吾居斥卤之地①，四旁无邑，又无草木，三军无所掠取，牛马无所刍牧②，为之奈何？"太公曰："三军无备，牛马无食，士卒无粮，如此者，索便诈敌而亟去之③，设伏兵于后。"

武王曰："敌不可得而诈，吾士卒迷惑，敌人越我前后，吾三军败乱而走，为之奈何？"太公曰："求途之道，金玉为主④，必因敌使，精微为宝⑤。"

〔注释〕

①斥卤之地：指盐碱地带，这里指荒芜、贫瘠的地方。斥，指土地含过多的盐碱。卤，即盐。②刍牧：割草放牧。③索便：寻找机会。诈：欺骗。亟：迅速、赶快。④金玉为主：以金玉财宝作为欺诱敌人的主要手段。⑤精微为宝：这里指谋划或行动时，一定要做到精细机密。

〔译文〕

武王问太公："领兵深入敌国境内，与敌军隔河对峙，敌人钱多粮足，兵力充足，我军却缺钱少粮，兵力寡少。我想渡河对敌军发动进攻但是却做不到；我想屯积在这里拖延时日，但是却因为缺少粮食而无法持久。另外我军所处之地荒芜贫瘠，附近既没有城池也没有草木，我军无处可掠取物资，又无处可放牧牛马，该如何应对这种状况？"太公说："军备不足，牛马缺乏饲料，士卒无粮可食，如果遭遇这种情况下，就应该找一个机会蒙骗住敌人后迅速转移，并在身后设置伏兵，防止敌人追击。"

武王问："如果敌人不上当，没有受我军的欺骗，我军的士卒又惶惑不安，敌人已经进到我军前后，我军溃散败退，此时该如何是好？"太公说："这时求生最好的方法就是将金玉财宝暴露给敌人，引诱敌人前来抢夺而不再追赶，同时还要贿赂敌军的使者，这些事必须做得精密细致，万不可被敌人所察觉。"

武王曰："敌人知我伏兵，大军不肯济，别将分队以逾于水，吾三军大恐，为之奈何？"

太公曰："如此者，分为冲陈，便兵所处。须其毕出，发我伏兵，疾击其后，强弩两旁，射其左右，车骑分为鸟云之陈，备其前后，三军疾战。敌人见我战合，其大军必济水而来。发我伏兵，疾击其后，车骑冲其左右，敌人虽众，其将可走。凡用兵之大要，当敌临战，必置冲陈，便兵所处，然后以车骑分为鸟云之陈①，此用兵之奇也。所谓鸟云者，鸟散而云合，变化无穷者也。"武王曰："善哉！"

〔注释〕

①车：原本作"军"，疑误。

〔译文〕

武王问："敌人已知我有伏兵，军队主力不肯渡河，只派小股部队渡河，我军大为惶恐，该如何应对？"

太公说："如果遇到这种情况，就将军队结成'四武冲阵'，部署在地势有利的地方。等到敌人的小股部队渡过河以后，出动伏兵，对其后侧发动猛烈袭击，用强弩射击敌人的两翼，我军的战车、骑兵要布成'鸟云之阵'，对前方和后方都严加戒备，使我军可以迅猛投入战斗。敌军主力见我军进攻其渡河的小部队，必然会渡河前来，这时我方再出动伏兵猛烈袭击敌人的侧后，战车、骑兵出动对敌军的两翼发起冲击，这样即便敌军数量上占优，也必定会为我军打败，其将必逃。用兵主要原则有这样一条：当和敌人进行战斗之时，一定要布成'四武冲阵'，部署在地势有利于作战的地方，然后将战车和骑兵结成'鸟云之阵'，这便是出奇制胜之道。所谓'鸟云'，意思就是鸟散云合、变化无穷。"武王说："说得真好啊！"

少 众

武王问太公曰："吾欲以少击众，以弱击强，为之奈何？"太公曰："以少击众者，必以日之暮，伏于深草，要之隘路；以弱击强者，必得大国之与，邻国之助。"

武王曰："我无深草，又无隘路，敌人已至，不适日暮。我无大国之与，又无邻国之助，为之奈何？"太公曰："妄张诈诱，以荧惑其将，迂其道，令过深草，远其路，令会日暮。前行未渡水，后行未及舍，发我伏兵，

官渡战袁绍

　　建安四年（199）六月，袁绍挑选精兵十万，战马万匹，南下进攻许昌。袁绍、曹操双方军队对峙官渡，袁绍在兵力上远胜于曹操，曹操声东击西，分散其兵力，进而自己集中兵力，分而击之，各个击破，斩颜良、夺乌巢、烧粮草，致使袁绍军心大乱，大败而归。曹操此战以少击众，以弱胜强。

疾击其左右，车骑扰乱其前后。敌人虽众，其将可走。事大国之君，下邻国之士，厚其币，卑其辞，如此，则得大国之与、邻国之助矣。"武王曰："善哉！"

〔译文〕

武王问太公说："我想做到以少击众，以弱击强，应该怎样做呢？"太公说："要想做到以少击众，就一定要选择太阳落山这个时刻，将部队埋伏在草深林密的地方，在隘路上对敌人发动袭击；要想做到以弱击强，一定要有大国的支持，邻国的援助。"

武王说："如果我军即没有草深林密的地方可以设伏，又没有适合截击的隘路可以利用，敌军到的时间又不在太阳落山之时。同时我军既没有大国的支持，也没有邻国的援助，应该怎么办呢？"太公说："不妨虚张声势，使用各种引诱、欺诈手段将敌军将领迷惑住，诱使他们迂回行进，经过草深林密的地方，还要诱骗敌人多绕远路以延误时间，导致其在日落时分与我军交战。抓住敌军的先头部队还没有全部渡过河来，后续部队还没来得及宿营的时机，出动我军伏兵对敌军的两翼发动猛烈袭击，同时出动我军战车和骑兵部队扰乱敌人的前后。这样敌兵虽然众多，也会为我军被打败。对大国的君王恭敬侍奉，对邻国贤士礼遇结交，多送金钱，言辞谦逊，这样就能得到大国的支持、邻国的援助了！"武王说："说得真好啊！"

分　险

六韬·三略

武王问太公曰:"引兵深入诸侯之地,与敌人相遇于险阸之中①,吾左山而右水,敌右山而左水,与我分险相拒,各欲以守则固,以战则胜,为之奈何?"

太公曰:"处山之左,急备山之右;处山之右,急备山之左。险有大水无舟楫者,以天潢济吾三军②。已济者亟广吾道,以便战所。以武冲为前后,列其强弩,令行陈皆固。衢道谷口,以武冲绝之,高置旌旗,是谓'车城'③。凡险战之法,以武冲为前,大橹为卫,材士强弩翼吾左右,三千人为屯,必置冲陈,便兵所处。左军以左,右军以右,中军以中,并攻而前。已战者还归屯所,更战更息,必胜乃已。"武王曰:"善哉!"

〔注释〕

①阸:险隘。②天潢:古代作战渡水用的大船。③车城:战车联结在一起构筑成的营寨。

〔译文〕

武王问太公说:"引兵深入敌国境内,在险隘的地方遇上了敌军,我军驻扎的地方左山右水,敌军正相反,是

一四二

右山左水，双方各据险要，对峙不下，这时我想做到稳固地防守，或者实施必胜的进攻，应该怎样做？"

太公说："我军处在山的左侧时，应当迅速在山的右侧做好防备；处在山的右侧时，也要迅速在山的左侧做好防备。地处险要地带，附近又有大河，用小船无法渡过时，就要用天潢这种大船将我军渡过河去。先渡过去的先头部队要迅速展开，扫清前进道路，抢占有利地形。我军将武冲大战车部署在前方和后方以掩护我军前进路线，布设强弩以保持我军阵形稳固。在四通八达的交通枢纽还有两山之间的谷口，要布设武冲大战车加以阻绝，还要在高处插上旗帜，这样就构成了'车城'。在险要地带作战的打法是武冲战车在前为前导，凭借大盾牌做为防护，强弩勇士护住我军左右两翼，每三千名步兵编为一屯，结成'四武冲阵'，部署在地形有利于作战的地带，左军在左翼，右军在右翼，中军在中央，三军并肩战斗，向前发动进攻。已经战斗过的回到集结地休息，没有战斗过的依次投入战斗，这样轮流作战、休息，直到将敌人战败为止。"武王说："说得真好啊！"

犬韬

分合

武王问太公曰："王者帅师，三军分为数处，将欲期会合战^①，约誓赏罚^②，为之奈何？"

太公曰："凡用兵之法，三军之众，必有分合之变。其大将先定战地战日，然后移檄书与诸将吏^③，期攻城围邑，各会其所，明告战日，漏刻有时^④。大将设营而陈，立表辕门^⑤，清道而待。诸将吏至者，校其先后，先期至者赏，后期至者斩。如此，则远近奔集，三军俱至，并为合战。"

〔注释〕

①期会合战：商定好具体的时间地点，兵合一处与敌人作战。②约誓：在作战之前集合部队，宣布作战目的、军纪等内容。③檄书：檄文，古代写官方文书，用于晓谕、征召、声讨等等。④漏刻有时：意为规定军队务必到达的时间。漏刻，即壶漏，古代的一种用水计时的器具。⑤立表：指立木为表，古代在地上立一根木桩，通过观察木桩的日影来计算时间，与日晷原理相同。辕门：军营的正门。

〔译文〕

武王问太公说："君王统兵准备出征，但是军队分驻数地，主将想要按期将军队集中起来和敌人交战，还要申令全军明定赏罚，应该怎么办？"

太公说："通常用兵的方法是：因为三军人数众多，必然会分散驻扎，也必然会有集中这些部署上的变化。军队的主将要确定好作战的地点和时间，然后给诸位将领官员发战斗文书，明确说明准备围攻的城邑、各军集中的地点、到达的时间还有作战的日期。然后主将要设营布阵，在军营正门口竖起一根标杆以观测日影，计算时间，附近还要禁止行人通行，等待将领官员们到达。他们到达时要考察其是否准时，提前到的有赏，迟到的要斩首。这样，驻扎在别的地方的军队不论远近，都会准时集中，三军全部到达以后，就可以集中力量和敌人作战了。"

武　锋

武王问太公曰："凡用兵之要，必有武车骁骑，驰陈选锋①，见可则击之。如何则可击？"太公曰："夫欲击者，当审察敌人十四变，变见则击之，敌人必败。"

武王曰："十四变可得闻乎？"太公曰："敌人新集可击，人马未食可击，天时不顺可击，地形未得可击，奔走可击，不戒可击，疲劳可击，将离士卒可击，涉长路可击，济水可击，不暇可击，阻难狭路可击，乱行可击，心怖可击。"

〔注释〕

①选锋：挑选精锐的士兵组成敢死队。

〔译文〕

武王问太公说："通常用兵的要领是，必须要有强大的战车，骁勇的骑兵，百里挑一的勇猛士卒组成的前锋部队，一旦发现可乘之机便发动攻击。那么，如何把握这个时机呢？"太公说："如果想要进攻敌人，应当仔细观察敌人是否有十四种对其不利的情况，一旦发现有便发起攻击，一定可以将敌人打败。"

武王说："可以将这十四种对敌不利的情况具体讲讲吗？"太公说："敌人刚刚集结、立足未稳时可以打；士兵和马匹都在饥饿中时可以打；气候、季节对敌人不利时可以打；地形于敌人不利时可以打；敌人正在奔袭赶路时可以打；敌人毫无戒备时可以打；敌人疲惫不堪时可以打；敌人的将士离开时可以打；敌军长途跋涉之后可以打；敌军正在渡河时可以打；敌军忙乱不堪时可以打；敌人正在通过险阻隘路时可以打；敌人的阵列不整时可以打；敌人军心不稳恐慌不安时可以打。"

练 士

武王问太公曰："练士之道奈何①？"

太公曰："军中有大勇、敢死、乐伤者②，聚为一卒③，名曰冒刃之士④；有锐气、壮勇、强暴者，聚为一卒，名曰陷阵之士；有奇表长剑⑤、接武齐列者⑥，聚为一卒，名曰勇锐之士；有拔距伸钩⑦、强梁多力⑧、溃破金鼓、绝灭旌旗者，聚为一卒，名曰勇力之士；有逾高绝远、轻足善走者，聚为一卒，名曰寇兵之士⑨；有王臣失势，欲复见功者，聚为一卒，名曰死斗之士；有死将之人子弟，欲与其将报仇者，聚为一卒，名曰敢死之士；有赘婿、人虏⑩、欲掩迹扬名者，聚为一卒，名曰励钝之士⑪；有贫穷愤怒，欲快其心者，聚为一卒，名曰必死之士；有胥靡免罪之人⑫，欲逃其耻，聚为一卒，名曰倖用之士⑬；有材技兼人，能负重致远者，聚为一卒，名曰待命之士。此军之服习⑭，不可不察也。"

〔注释〕

①练士之道：挑选士卒的方法、原则。练，同"拣"，挑选、选择。②乐伤：不怕受伤。③卒：古代军队编制单位，一百人为一卒。④冒刃：敢于冒生命危险。刃，刀刃、刀锋，这里比喻危险。⑤奇表：体态奇异。⑥接武：前后足迹相接。武，足迹。这里指步伐稳健、整齐。⑦拔距：古代一种运动习武的游戏，和现在拔河类似。伸钩：将弯钩拉直。⑧强梁：强悍、有力。⑨寇：原本作"冠"，疑误。寇兵，像盗贼一样出没不定的军队。⑩赘婿：即入

赘的女婿，指男子到女家成婚，并成为女家成员，古人将这视为一件耻辱的事。入房：指做过俘虏的人。⑪励钝：激励迟钝萎靡的人，让其振作起来。⑫胥靡：古代服劳役的奴隶或刑徒。⑬倖：同"幸"。⑭服习：熟悉。

〔译文〕

武王问太公说："怎样挑选士？"

太公说："军中那些勇气十足、不怕牺牲、不怕受伤的人，将他们编成一卒，称为'冒刃之士'；那些锐气旺盛、强壮勇猛、强悍凶暴的，将他们编为一卒，叫他们'陷阵之士'；那些外表奇异、善用长剑、步伐稳健、动作规范整齐的人，将他们编为一卒，称为'勇锐之士'；那些臂力过人、善于拔距伸钩、强壮有力、能够冲进敌阵捣毁敌人金鼓旗帜的人，将他们编成一卒，叫作'勇力之士'；那些善于越高城、行远路、身轻善走的人，将其编为一卒，称为'寇兵之士'；那些失势没落的王公大臣，想要重立功劳的，将其编为一卒，叫作'死斗之士'；那些阵亡将帅的子弟，想要为其父兄报仇的，编为一卒，称其为'敢死之士'；那些被招赘、被俘虏，亟待为自己扬名遮丑的，将其编成一卒，称为'励钝之士'；那些因为自己贫穷而心怀不满，一心想立功受赏的，将他们编成一卒，称为'必死之士'；那些曾经犯过罪、想要掩盖自己的耻辱的编成一队，称为'倖用之士'；那些身怀绝技，能够任重致远的，将他们编为一卒，称为'待命之士'。这些都是统率军队一定要熟悉的，一定要详加考虑啊！"

教 战

武王问太公曰:"合三军之众,欲令士卒练士,教战之道奈何?"

太公曰:"凡领三军,有金鼓之节①,所以整齐士众者也。将必先明告吏士,申之以三令,以教操兵起居②,旌旗指麾之变法。故教吏士,使一人学战,教成,合之十人;十人学战,教成,合之百人;百人学战,教成,合之千人;千人学战,教成,合之万人;万人学战,教成,合之三军之众;大战之法,教成,合之百万之众。故能成其大兵,立威于天下。"武王曰:"善哉!"

〔注释〕

①节:节制,调度,指挥。②操兵起居:操兵,使用武器。起居,指站、坐、进、退等动作,操兵起居的意思就是操持着武器,练习各种战斗动作。

〔译文〕

武王问太公:"将三军集合,想要士卒们熟练掌握作战技能,应该如何训练?"

太公说:"凡是统率三军的,都用金鼓来进行调度指挥,这是为了让士兵的行动整齐一致。主将一定要明确告诉官兵该如何操练,而且要反复讲解,教导官兵操持兵

练兵成阵

　　古时有很多兵阵，若要将兵将训练成阵，就要令军士们勤加训练。

器，演练战斗动作，还要了解旗帜的各种变化的不同意义，和自己应该采取的行动。所以，在训练军队的时候，先使一个人学习，一个人学会了，再进行十人合练；十个人学习战法，学会了，再进行一百个人的合练；一百个人学习战法，学会了，再进行一千个人的合练；一千个人学习战法，学会了，再进行一万个人的合练；一万个人学习战法，学会了，再进行三军合练，以训练大军统一作战的方法。学会了，再进行百万大军的合练，这样就可以得到一支强大的军队，天下都享有威名。"武王说："说得真好啊！"

均　兵

武王问太公曰："以车与步卒战，一车当几步卒？几步卒当一车？以骑与步卒战，一骑当几步卒？几步卒当一骑？以车与骑战，一车当几骑？几骑当一车？"

太公曰："车者，军之羽翼也^①，所以陷坚陈，要强敌^②，遮走北也。骑者，军之伺候也，所以踵败军，绝粮道，击便寇也。故车骑不敌战，则一骑不能当步卒一人。三军之众，成陈而相当，则易战之法：一车当步卒八十人，八十人当一车；一骑当步卒八人，八人当一骑；一车当十骑，十骑当一车。险战之法：一车当步卒四十人，四十人当一车③；一骑当步卒四人，四人当一骑；一车当六骑，六骑当一车。夫车骑者，军之武兵也，十乘败千人，百乘败万人；十骑败百人，百骑走千人。此其大数也。"

〔注释〕

①羽翼：用来比喻辅佐的人或力量，这里指战车对于军队来说，好像翅膀对于鸟儿一样，可以增强战斗力。②要：同"邀"，邀击，拦击，截击。③车：原本作"卒"，疑误。

〔译文〕

武王问太公："用战车和敌人的步兵战斗，一辆战车可以抵挡几名步兵？几名步兵能抵挡一辆战车？用骑兵和步兵作战，一名骑兵相当于几名步兵？几名步兵可以抵一名骑兵？用战车和骑兵作战，一辆战车可以抵几名骑兵？几名骑兵相当于一辆战车？"

太公说："战车堪称军队的羽翼，对提升军队的战斗力有很大帮助，可以用来攻陷坚固的敌阵，截击强大的敌人，或者将敌人的逃路切断。骑兵是军队中用来窥探敌人情报，乘敌之隙的，可以用来跟踪追击败军，切断敌人的粮道，袭击敌人的流动部队。所以，如果车骑使用得不好，可能在战斗中的作用还比不上一名步兵。全军布列成阵，战车、骑兵、步卒配合得好，那么在平坦的地形上作战时，一辆战车可以抵八十名步兵，八十名步兵的战斗力相当于一辆战车，一名骑兵可以抵八名步兵，八名步兵的战斗力相当于一名骑兵，一辆战车可抵十名骑兵，十名骑兵的战斗力相当于一辆战车。在险恶的地形上作战时，一辆战车可抵四十名步兵，四十名步兵的战斗力相当于一辆战车；一名骑兵可以抵四名步兵，四名步兵的战斗力相当于一名骑兵；一辆战车可以抵六名骑兵，六名骑兵的战斗力相当于一辆战车。战车和骑兵是军队中最为迅猛的冲击力量，十辆战车就可以击败千名敌人，百辆战车就可以击败万名敌人，十名骑兵可以击退百名敌人，百名骑兵可以击退千名敌人，这些都是笼统的数字。"

武王曰："车骑之吏数陈法奈何①？"太公曰："置车之吏数，五车一长，十车一吏，五十车一率②，百车一将。易战之法：五车为列，相去四十步，左右十步，队间六十步。险战之法：车必循道③，十车为聚，二十车为屯，前后相去二十步，左右六步，队间三十六步。五车一长，纵横相去二里，各返故道。置骑之吏数：五骑一长，十骑一吏，百骑一率，二百骑一将。易战之法：五骑为列，前后相去二十步，左右四步，队间五十步。险战者：前后相去十步，左右二步，队间二十五步。三十骑为一屯，六十骑为一辈。十骑一吏，纵横相去百步④，周环各复故处。"武王曰："善哉！"

〔注释〕

①吏数：设置的军官数量。②率：和下文的"聚""屯""辈"等一样，都是军队中一级战斗编组。③循道：顺着道路。④去：距离。

〔译文〕

武王说："战车和骑兵的部队中应如何配备的军官，具体作战方法又是怎样的？"太公说："战车部队应当这样配备军官：五辆战车设一长，十辆战车设一吏，五十辆战车设一率，一百辆战车设一将。在地势平坦的地带作战应当如此作战：五辆战车为一列，前后相距四十步远，每辆战车左右间隔十步，队与队之间的距离是六十步。在地势险恶的地带应当如此作战：战车一定要沿着道路前进，十辆战车为一聚，二十辆战车为一屯，每辆车前后相距二十步，左右相距约六步，队与队之间相距三十六步。五辆战车设一长，前后左右各一里的距离为活动范围，每辆战车撤出战斗以后仍按原路返回。骑兵部队应当这样配备军官：五名骑兵设一长，十名骑兵设一吏，一百名骑兵设一率，二百名骑兵设一将。在地势平坦的地方时应当如此作战：五名骑兵为一列，前后相距二十步远，左右间隔四步远，队与队之间相距五十步远。在地势险恶的地方应当如此作战：前后相距十步远，左右相距二步远，队与队之间相距二十五步远。三十名骑兵为一屯，六十名骑兵为一辈。前后左右各百步的距离为活动范围，撤出战斗后各自返回原来的位置。"武王说："说得真好啊！"

武车士

武王问太公曰:"选车士奈何[①]?"太公曰:"选车士之法:取年四十已下,长七尺五寸已上,走能逐奔马,及驰而乘之,前后、左右、上下周旋,能缚束旌旗,力能彀八石弩[②],射前后左右,皆便习者[③],名曰武车之士,不可不厚也。"

〔注释〕

①车士:战车上的士兵。②彀:将弓弩张满。八石弩:拉力为九百六十斤的强弩。石,古代重量单位,一百二十斤为一石。③便:熟练。

〔译文〕

武王问太公说:"如何选拔战车上的士兵?"太公说:"选拔战车上的士兵应当遵从这样的标准:选择年龄在四十岁以下的,身高在七尺五寸以上的,奔跑速度快,能追得上奔跑的马的,能追上战车并能跳上去的,能在战车上前后、左右应战自如的,能够执掌旗帜的,力大能拉满八石弩的,能熟练地向各个方向射箭的,这样的人称为武车士,一定要给予他们优厚的待遇。"

武骑士

武王问太公曰:"选骑士奈何?"太公曰:"选骑士之法,取年四十已下,长七尺五寸已上，壮健捷疾，超绝伦等^①，能驰骑毂射，前后左右周旋进退，越沟堑，登丘陵，冒险阻，绝大泽，驰强敌，乱大众者，名曰武骑之士，不可不厚也。”

〔注释〕

①超绝伦等：身怀绝技，本领远在一般人之上。

〔译文〕

武王问太公：“如何选拔骑兵？”太公说：“选拔骑兵应当遵循这样的标准：选择年龄在四十岁以下的，身高在七尺五寸以上的，身强力壮，动作敏捷，超过一般人的，能在纵马疾驰中张弓射箭，对前后左右各个方向应战、回旋自如，能跨沟堑，登高地，越险阻，渡大泽，追击强敌，打乱众多敌军的人，这种人被称为武骑士，一定要给予优厚的待遇。”

战　车

武王问太公曰：“战车奈何？”太公曰：“步贵知变动^①，车贵知地形，骑贵知别径奇道^②，三军同名而异用也。凡车之死地有十^③，其胜地有八^④。”

〔注释〕

①变动：这里指战场上的情况变化。②别径奇道：岔路、捷径，敌人意想不到的路线。③死地：不利的地形。

④胜地：和死地相反，指有利的情况、处境。

〔译文〕

武王问太公道："战车应当如何作战？"太公说："步兵作战，贵在了解战场形势变化，车兵作战，贵在对地形状况熟悉，骑兵作战，贵在通晓别道捷径，从而出其不意，战车、步兵、骑兵同是作战部队，但是用法却大不相同。对战车来说，作战时有十种死地，还有八种胜地。"

武王曰："十死之地奈何？"太公曰："往而无以还者，车之死地也；越绝险阻，乘敌远行者，车之竭地也；前易后险者，车之困地也；陷之险阻而难出者，车之绝地也；圮下渐泽①，黑土黏埴者②，车之劳地也；左险右易，上陵仰阪者③，车之逆地也；殷草横亩④，犯历深泽者⑤，车之拂地也⑥；车少地易，与步不敌者，车之败地也；后有沟渎⑦，左有深水，右有峻阪者，车之坏地也；日夜霖雨，旬日不止，道路溃陷，前不能进，后不能解者，车之陷地也。此十者，车之死地也。故拙将之所以见擒，明将之所以能避也。"

武王曰："八胜之地奈何？"太公曰："敌之前后，行陈未定，即陷之；旌旗扰乱，人马数动，即陷之；士卒或前或后，或左或右，

六韬

一五七

即陷之；陈不坚固，士卒前后相顾，即陷之；前往而疑，后恐而怯，即陷之；三军卒惊，皆薄而起，即陷之；战于易地，暮不能解，即陷之；远行而暮舍，三军恐惧，即陷之。此八者，车之胜地也。将明于十害、八胜，敌虽围周，千乘万骑，前驱旁驰，万战必胜。"武王曰："善哉！"

〔注释〕

①圮下渐泽：塌陷、积水的地方。圮，毁坏，塌坏。渐，浸水。泽，池沼，洼地。②黏埴：黏土。③仰阪：上坡。阪，同"坂"，山坡。④殷：这里指草木茂盛的样子。⑤犯历：本意是违反，这里指要经过深水大泽之地。⑥拂：违背，违反，这里引申为不利的意思。⑦渎：水沟，小渠。

〔译文〕

武王问："十种死地都是什么？"太公说："可以前进却不能倒车，这就是战车的死地；跨越险阻之地，长途跋涉追击敌人，这乃是战车的竭地；前面地势平坦易行，身后却是险阻不通之地，这是战车的困地；陷入艰难险阻之地出不来，这是战车的绝地；土地塌陷、积水严重、全是黑土黏泥的地方，是战车的劳地；左边险恶，右边平坦，前进还需要爬坡，这乃是战车的逆地；荒草满地，前进还要经过水泽地带，这是战车的拂地；战车的数量较少，地势又平，而且战车和步兵配合得不好，这便是战车的败地；身后有沟渠，左边有深深的河流，右边是高坡，这样的地方是战车的坏地；大雨日夜下个不停，连续十几天，道路毁坏，前进不得，后退不得，这是战车的陷地。这十种情况都是战车的死地。所以，那些愚蠢的将领之所以被擒就是因为他们不了解这十种死地，而那些聪明的将领之所以能避开，就是因为他们对这十种死地非常了解。"

武王又问："那么八种胜地又是什么？"太公说："敌人的前后行阵还没有排列完毕，此时可以进攻它；敌人的旌旗扰乱，人马来回调动个不停，此时可以趁机进攻它；敌军的士卒有的向前，有的撤后，有的往右，有的向左，乱作一团，此时可以乘机进攻它；敌军的阵势不稳，士卒都在前后观望，此时可以乘机进攻它；敌军想前进还在犹豫，想后撤又害怕，此时可以进攻它；敌军突然惊乱，乱动乱撞，这时可以乘机进攻它；我军和敌军在地势较为平坦的地方交战，直到日暮还没有分出胜负，这时就可以出动战车进攻它；敌军长途行军，很晚才宿营，全军上下惊恐不安，这时就可以趁机进攻它。这八种情况就是战车的胜地。将帅将这十种'死地'和八种'胜地'了然于胸，即便被敌人从四面包围，敌军千乘万骑向我正方压来，向我军两翼突击我军也可以从容应对，每战必胜。"武王说："说得真好啊！"

战 骑

武王问太公曰："战骑奈何？"太公曰："骑有十胜、九败①。"

武王曰："十胜奈何？"太公曰："敌人始至，行陈未定，前后不属，陷其前骑，击其左右，敌人必走；敌人行陈整齐坚固，士

六韜·三略

粮　道

　　粮食是战争必需的后勤保障，自古兵家非常注意保障粮道的安全、畅通。欲克敌战胜对方，也多会从谋划切断对方粮道着手。

一六〇

卒欲斗，吾骑翼而勿去，或驰而往，或驰而来，其疾如风，其暴如雷，白昼而昏，数更旌旗，变易衣服，其军可克；敌人行陈不固，士卒不斗，薄其前后，猎其左右②，翼而击之，敌人必惧；敌人暮欲归舍，三军恐骇，翼其两旁，疾击其后，薄其垒口③；无使得入，敌人必败；敌人无险阻保固，深入长驱，绝其粮道，敌人必饥；地平而易，四面见敌，车骑陷之，敌人必乱；敌人奔走，士卒散乱，或翼其两旁，或掩其前后，其将可擒；敌人暮返，其兵甚众，其行陈必乱，令我骑十而为队④，百而为屯，车五而为聚，十而为群，多设旌旗，杂以强弩，或击其两旁，或绝其前后，敌将可虏。此骑之十胜也。"

〔注释〕

①十胜：十种制胜的战机，不过原文中只有八胜，疑为脱简缺失。九败：九种导致战败的地形。②猎：打猎，这里是袭击的意思。③垒口：军营、堡垒的入口。④队：和下文中的屯、聚、群等皆为古代骑兵部队中的战斗编组单位。

〔译文〕

武王问太公："骑兵应当如何作战？"太公说："骑

兵作战，要知道'十胜''九败'。"

武王问："'十胜'是什么？"太公说："敌人刚到，阵势还没有稳定，前军后军还没有衔接上，我军应立刻派出骑兵击破敌军的先头骑兵部队，对其两翼进行夹击，敌军必然大败而逃；如果敌军的阵势整齐坚固，士卒求战欲望很高，我军的骑兵部队应对敌军的两翼进行夹击，死缠住不放，时而奔驰过去，时而奔驰回来，快速似风，猛烈如雷，从白天一直持续到黄昏，还要不断变换旗帜和服装，让敌人迷惑重重，这样就可以将敌军打败；敌人阵势不稳，士卒缺乏斗志，我军便出动骑兵压制敌军前方和后方，夹击敌军的两翼，敌军必定惊恐；太阳落山敌人想要回营，心存震骇，我军应出动骑兵对敌军两翼发动夹击，对敌军的后尾发动迅猛的攻击，迫近敌军营垒的入口，阻止敌军入营，慌乱中的敌人必然溃败；敌军没有险阻地形可以凭险固守，我军应出动骑兵长驱直入，将敌军粮道切断，敌军将士必定因为断粮而腹中饥饿；敌军处在地势平坦的地方，四面都容易遭到攻击，我军应该让骑兵协同战车出战，从四面围攻敌军，敌军必定溃乱；敌军败走，士兵溃不成军，我军出动骑兵或者从两翼发动夹击，或者拦击敌军前后，甚至可以擒获敌军主将帅；日暮时分敌军退回营垒，部队众多，一定会混乱不成阵型，我军应将骑兵十人编为一队，一百人编为一屯，五辆战车编为一聚，十辆战车编为一群，多插旗帜，再配以强弩，或者对敌军的两翼突击，或者对敌军的前后进行拦截，可以战败敌军，俘虏敌军的主将。这就是统率骑兵作战，要抓住的十种取胜的战机。"

武王曰："九败奈何？"太公曰："凡以骑陷敌而不能破陈，敌人佯走，以车骑返击我后，此骑之败地也；追北逾险，长驱不止，敌人伏我两旁，又绝我后，此骑之围地也；往而无以返，入而无以出，是谓陷于天井，顿于地穴，此骑之死地也；所从入者隘，所从出者远，彼弱可以击我强，彼寡可以击我众，此骑之没地也；大涧深谷，翳茂林木，此骑之竭地也；左右有水，前有大阜，后有高山，三军战于两水之间，敌居表里，此骑之艰地也；敌人绝我粮道，往而无以返，此骑之困地也；污下沮泽，进退渐洳①，此骑之患地也；左有深沟，右有坑阜②，高下如平地，进退诱敌，此骑之陷地也。此九者，骑之死地也，明将之所以远避，暗将之所以陷败也。"

〔注释〕

①渐洳：低湿、泥泞的样子。②坑阜：地形高低坎坷不平。坑，凹陷的地方。

〔译文〕

武王问："'九败'又是什么？"太公说："出动骑兵进攻敌人，如果没有突破敌阵，敌人假装败退而走，而又出动战车和骑兵发动反击，对我军的后方发动攻击，这就是骑兵作战的败地了；追击败退的敌军，通过险阻之地，长驱直入一直向前，而敌军埋伏在我军的两翼，切断我军的后路，这就是骑兵作战的围地；前进后撤不回来，进去后退不出来，这叫作陷入'天井'之中，困于'地穴'之内，这是骑兵作战的死地；进去的路狭窄，出来的路曲折绕远，敌军便能以弱击强，以少击众，这就是骑兵作战的没地；地处深涧峡谷当中，草木茂盛，行动困难，这就是骑兵作战的竭地；左右两侧都有水泽，前方是大山，背后是高岭，我军在两水之间作战，敌军内守山险，外据水要，地形十分有利，这就是骑兵作战的艰地；敌人将我军粮道切断，我军只能向前而不能后退，这就是骑兵作战的困地；地处沼泽地带，低洼泥泞，行动困难，这就是骑兵作战的患地；左边有深沟，右面也坎坷不平，高低不平但是看起来却像是平地，前进还是后退都会遭到敌军的进攻，这就是骑兵作战的陷地。这九种情况都是骑兵作战的'死地'，也是明智的主将想要竭力避开的，同时也是那些昏庸的主将之所以失败的原因。"

战　步

武王问太公曰："步兵与车骑战奈何？"太公曰："步兵与车骑战者，必依丘陵险阻，长兵强弩居前，短兵弱弩居后，更发更止。敌之车骑虽众而至，坚阵疾战，材士强弩以备我后。"

武王曰：吾无丘陵，又无险阻，敌人之至，既众且武，车骑翼我两旁，猎我前后，吾三军恐怖，乱败而走，为之奈何？

太公曰：“令我士卒为行马、木蒺藜①，置牛马队伍，为四武冲陈。望敌车骑将来，均置蒺藜，掘地匝后②，广深五尺，名曰‘命笼’。人操行马进退，阑车以为垒③，推而前后，立而为屯。材士强弩，备我左右。然后令我三军，皆疾战而不解。”武王曰：“善哉！”

〔注释〕

①蒺藜：古代一种防御性兵器，形状像草本植物“蒺藜”，多刺，用时撒布在地上，用来阻碍敌军行动。②掘地匝后：在四周开掘壕沟。③阑车：将战车连起来拦截敌军。

〔译文〕

武王问太公：“步兵如何与战车、骑兵作战？”太公说：“步兵与战车、骑兵作战，一定要依托丘陵险阻等地形布阵，将长兵器和强弩部署在前面，短兵器和弱弩部署在后面，士兵们轮流战斗、休息，保持体力。即便敌军的大队战车和骑兵到来，我军也只是坚守阵地，顽强战斗，同时还要部署勇猛的士兵和强弩部队对后方严加戒备。”

武王又问：“我军的地形既没有丘陵也没有别的险阻地势可以依托，敌军大队到来，来势汹汹，战车骑兵部队夹击我军两翼，袭扰我军前后，我军上下惊恐，混乱溃败而走，这时应该怎么办呢？”

太公说：“命令我军的士卒制作行马和木蒺藜，将牛、马都集中起来编成一队，布成‘四武冲阵’。当看到敌军即将到来时，就在其来的道路上广泛布设蒺藜，再在周围挖掘出环形的壕沟地，深宽都是五尺，这叫‘命笼’。步兵带着行马进退，再将车辆连结起来组成营垒，推着它前后移动，停下来就是营寨。要部署猛士强弩对左右两翼加强戒备，然后号令全军上下迅猛攻击，不可懈怠。”武王说：“说得真好啊！”

上　略

　　夫主将之法，务揽英雄之心①，赏禄有功②，通志于众③。故与众同好靡不成④，与众同恶靡不倾。治国安家，得人也⑤；亡国破家，失人也。含气之类咸愿得其志⑥。《军谶》曰⑦："柔能制刚，弱能制强。"柔者德也，刚者贼也，弱者人之所助，强者怨之所攻。柔有所设，刚有所施，弱有所用，强有所加，兼此四者而制其宜。端末未见，人莫能知。天地神明，与物推移，变动无常。因敌转化，不为事先，动而辄随。故能图制无疆⑧，扶成天威，匡正八极，密定九夷。如此谋者，为帝王师。

　　故曰，莫不贪强，鲜能守微，若能守微，乃保其生。圣人存之，动应事机，舒之弥四海，卷之不盈怀，居之不以室宅，守之不以城郭，藏之胸臆，而敌国服。

〔注释〕

　　①揽：收揽，收纳。②禄：原意是古代官吏的俸给，

这里是动词，奖给有功的人俸禄。有功：立下功劳的人。③通志：将自己的意志灌输出去。通，贯通、推广。④同好：这里是同心协力的意思。靡：没有。⑤人：人心。⑥含气之类：这里指人，用人的呼吸来借代指人的整体。⑦《军谶》：古代的一部兵书，唐代以后失传。谶，迷信的人指将要应验的预言、预兆。⑧图制：图谋制胜。无疆：没有穷尽，无限。

〔译文〕

　　身为一名主帅，一定要收揽那些杰出人物的心，对有功之臣不吝奖赏，将自己的意志灌输给众人。只要众人同心协力一，没有什么事是做不成的，只要众人同仇敌忾，没有什么敌人是战胜不了的。国泰民安，是因为人心所向；国破家亡，也是因为失去了人心。所有的人都希望实现自己的志向。《军谶》上说："柔能制刚，弱能制强。"柔是一种美德，刚是一种祸害，弱者总会得到人们的同情和帮助，而强者却常常被人们怨恨和非难。柔有柔的用处，刚有刚的作用，弱有弱的好处，强有强的长处，应该将这四者巧妙地融汇在一起，因事制宜地合理运用。事物的始末还没有显露出来，人们就不能全面地认识它。大自然神奇莫测，也在随着事物的运动而推移演变，变化无常。战争也是一样的道理，一定要根据形势的变化采取针对的策略，而不可先采取行动，敌军有什么举动我军见招拆招就可以了。这样必定能图谋制胜，无往而不胜，辅佐君王树威于天下，拯济四方，平定天下，能够做这样出谋划策的人，就可以去做帝王的老师。

　　所以说，人都是争强好胜的，很少有人能安于柔弱，如果明白了这个道理，就能够保全自己。如果圣人掌握并运用这个道理，就能够顺应事物的发展演化，推行开来可以适用于全天下，隐藏起来又不满怀抱，也不用房屋来安置它，也不用城郭来保护它，只要藏在心中，加以巧妙应用，就可以让敌国屈服了。

《军谶》曰："能柔能刚，其国弥光[①]；能弱能强，其国弥彰。纯柔纯弱，其国必削；纯刚纯强，其国必亡。"

夫为国之道，恃贤与民。信贤如腹心，使民如四肢，则策无遗。所适如支体相随[②]，骨节相救，天道自然，其巧无间。军国之要，察众心，施百务。危者安之，惧者欢之，叛者还之，冤者原之，诉者察之，卑者贵之，强者抑之，敌者残之，贪者丰之，欲者使之，畏者隐之，谋者近之，谗者覆之，毁者复之，反者废之，横者挫之，满者损之，归者招之，服者居之，降者脱之。

〔注释〕

①弥：愈发，更加。光：光明，这里指国家强盛、前途光明。②适：往，到……去。支：通"肢"，指四肢。体：躯干。

〔译文〕

《军谶》上说："治国刚柔并用，国家就会日益辉煌；强弱并用，国家就会昌盛富强。如果只用柔或者只用弱，国势肯定要衰弱；只用刚或者只用强，那么这个国家必定走向灭亡。"

治理国家的原则，便是依靠德才兼备的贤士和人民群众。对待贤人充分信任，好像自己的心腹，使用民众好像在用自己的手足，这样政令就不会出现什么遗漏。全国上下行动起来就好比肢体相随，骨节相应，自然、和谐、浑然天成，巧妙无间。统军治国的关键是悉心体察百姓的心声，施行各种恰当的措施。保护处境危险的人，安抚心怀畏惧的人，设法召还叛离的人，为含冤受屈的人伸冤昭雪，为上告申诉的人查清事实，提拔才高职低的人，打压骄蛮强横的人，除掉与我为敌的人，满足贪求的人，任用愿意效力的人，保护担心被揭短的人，亲近善于谋略的人，揭露进谗言的人，严查毁谤别人的人，消灭企图谋反的人，挫伤蛮横的人，抑制自满的人，招抚愿意归顺的人，安置已经征服的人，赦免投降的人。

获固守之①，获厄塞之②，获难屯之③，获城割之④，获地裂之，获财散之。敌动伺之，敌近备之，敌强下之，敌佚去之，敌陵待之，敌暴绥之，敌悖义之，敌睦携之。顺举挫之，因势破之，放言过之，四网罗之。得而勿有，居而弗守，拔而勿久。立而勿取，为者则己，有者则士，焉知利之所在！

彼为诸侯，己为天子，使城自保，令士自取。世能祖祖，鲜能下下。祖祖为亲，下下为君。下下者，务耕桑不夺其时，薄赋税

崔元治氿

贤能的人是国家的英雄、骨干。唐时,崔元为氿令时开渠造田,造福百姓。国家由贤能的人士管理,就会政治清明,百姓安乐。

不匮其财，罕徭役不使其劳，则国富而家娱⑤，然后选士以司牧之。夫所谓士者，英雄也。故曰，罗其英雄，则敌国穷。英雄者，国之干；庶民者，国之本。得其干，收其本，则政行而无怨。

〔注释〕

①固：防守坚固的地方。②厄：险要的地方。塞：阻塞，阻断交通。③屯：屯兵、驻兵。④割：分割，这里是将得来的城池分赏给有功之臣的意思。⑤娱：玩乐、嬉戏，这里形容百姓生活其乐融融。

〔译文〕

占领了防守坚固的地方要严加守备，控制了险要的地方就要设立关卡，得到了难以进攻的地方要屯兵驻守，得到了城池、土地还有财物要分赏给立下功劳的人。敌人有什么行动时要留心侦察，敌人逼近时要提高警惕，敌人势头正盛时我方要故意示弱，让敌人骄傲，敌人在以逸待劳，我方就要主动避其锋芒，敌人进犯就要严阵以待，敌人暴虐我军要设法安定民心，敌人逆天行事，我方要伸张正义以声讨它，敌人内部非常和睦团结，我方则要设法让它分化瓦解。要顺着敌人的行动将计就计以挫败它，要利用敌人的形势而击破它，放出假消息让敌人做出错误判断，将其四面包围予以围歼。取得了胜利不可归功自己，获得什么财物不可据为己有，攻取城池不可时间过长。拥立其国之人为君，自己不可擅取其位。决策自己出，功劳是将士们的，这才是真正利益的所在啊！

别人是诸侯，自己是天子，让他们各自保卫自己的城池，让他们各自征收自己治下的赋税。世上的人都能尊重自己的祖先，但是却很少有人能做到爱护民众。尊崇祖先只是敬重亲人，爱护民众才能做君主。那些爱护民众的君主重视农业，不占用农时，降低赋税让百姓不会贫穷，减少徭役让民众不会疲惫，这样国家才会富裕充足，而百姓才会安居乐业，然后才选派贤能的人去管理百姓。所谓士人，就是英雄人物。所以说，广纳敌国的英雄，就会让敌国陷入困境。英雄人物乃是国家的骨干，而百姓是国家的根本。得到了骨干，掌握了根本，国家自然政通人和，民众毫无怨言。

夫用兵之要，在崇礼而重禄。礼崇则智士至，禄重则义士轻死。故禄贤不爱财，赏功不逾时，则下力并而敌国削①。夫用人之道，尊以爵，赡以财，则士自来；接以礼，励以义，则士死之②。夫将帅者，必与士卒同滋味而共安危③，敌乃可加④，故兵有全胜，敌有全囚。

昔者良将之用兵，有馈箪醪者，使投诸河与士卒同流而饮⑤。夫一箪之醪不能味一河之水，而三军之士思为致死者，以滋味之及己也。

〔注释〕

①下力：下属齐心协力。②死之：这里指以死相报。③同滋味：这里是同甘共苦的意思。④加：这里指和敌人交锋。⑤诸：至，到。

〔译文〕

那用兵的关键，在于礼节隆重、俸禄优厚。礼节隆重，那些智谋一流的人自然会来，俸禄优厚，那些侠义的人自然就会效忠而将生死置之度外。所以，用厚禄来优待那些贤人，不可吝惜财物，奖励有功的人，不可迟误了时间，这样，就能让部下齐心协力而削弱敌国的实力。用人的方法是这样：封他爵位，以示对他的尊重，给他财物以供养他，那些贤人便主动来投；待之以礼，励之以义，那些义士就会甘愿效忠以死报效。那些做元帅的人，一定要和士兵同甘同苦、患难与共，这样才能和敌人作战，这样才会取得最后的胜利，让敌人全军覆没。

过去有这样一位良将，有一次有人送他一坛美酒，他命人将酒倒在河里，和士兵们一起喝着河水。其实一坛酒是不会让一河的水都变成美酒味的，但是全军上下都为此而感动，为这位将军拼死作战，这就是将帅与士兵同甘共苦的缘故。

《军谶》曰："军井未达①，将不言渴；军幕未办②，将不言倦；军灶未炊③，将不言饥。冬不服裘，夏不操扇，雨不张盖，是谓将礼。"与之安，与之危，故其众可合而不可离，可用而不可疲，以其恩素蓄，谋素和也。故曰，蓄恩不倦，以一取万。

《军谶》曰："将之所以为威者，号令也；战之所以全胜者，军政也；士之所以轻战者，用命也。"故将无还令，赏罚必信，如天如地，乃可御人；士卒用命，乃可越境。夫统军持势者，将也；制胜破敌者，众也。故乱将不可使保军，乖众不可使伐人。攻城则不拔，图邑则不废，二者无功，则士力疲弊。士力疲弊，则将孤众悖，以守则不固，以战则奔北④，是谓老兵。兵老则将威不行，将无威则士卒轻刑，士卒轻刑则军失伍⑤，军失伍则士卒逃亡，士卒逃亡则敌乘利，敌乘利则军必丧。

〔注释〕

①达：完成，成功。这里是井打好了的意思。②军幕：军用帐篷。③炊：烧火做饭。④奔北：意同"败北"，战败。⑤失伍：指军队混乱，失去了秩序。伍，古代军队的最小的编制单位，五人为一伍。

〔译文〕

《军谶》上说："军中的水井没有打好时，将帅不说口渴；军营的帐篷还没有搭好时，将帅不说疲倦；军营中饭还没有做好时，将帅不说饥饿。冬天不穿皮衣，夏天不拿扇子，雨天不打雨伞，这是将帅的礼节。"将帅和士兵安危与共，军队就能团结一致而不离间，就能随意任用而不知疲倦，这就是因为将帅平时恩惠不断，所以同心同德。因此，将帅平时多给予士兵们恩惠，就会以一人赢得千千万万人的拥戴。

《军谶》中说："将帅的威严来自于严明的号令；作战获得全胜是因为整饬的军政；士兵们不怕打仗是因为服从命令。"所以，将帅一定要做到令出必行，赏罚必信，像天地一样不可移易，才能统领大军；士兵遵守命令，才可以外出作战。统领军队、掌控大局的是将领；冲锋陷阵、战胜敌人的是士兵。因此，那些治军无方的将领就不能让他去统领军队，离心离德的军队不能派出和敌军作战。攻城略地都是徒劳无功，必将导致士兵疲惫不堪。士兵疲惫不堪，将帅就会陷入孤立，士兵们就会抗命不遵，让这样的军队去防守将会为敌人攻破，去进攻，也会为敌人打败，这样的军队就叫"老兵"。这样的部队的将领没有威信，将领没有威信，士兵们也就不怕刑罚，士兵不怕刑罚，军队必然混乱，军队混乱，士兵就会四散逃亡，士兵四散逃亡，敌军就会趁机取利，敌人趁机取利，军队必将走向灭亡。

《军谶》曰："良将之统军也，恕己而治人①。推惠施恩，士力日新。战如风发，攻如河决。故其众可望而不可当，可下而不可胜。以身先人，故其兵为天下雄。"

《军谶》曰："军以赏为表，以罚为里。赏罚明，则将威行；官人得，则士卒服；所任贤，则敌国震。"

六韬·三略

《军谶》曰："贤者所适，其前无敌。"故士可下而不可骄，将可乐而不可忧，谋可深而不可疑。士骄则下不顺，将忧则内外不相信，谋疑则敌国奋。以此攻伐则致乱。夫将者，国之命也，将能致胜，则国家安定。

《军谶》曰："将能清，能静，能干，能整，能受谏，能听讼②，能纳人，能采言，能知国俗，能图山川，能表险难，能制军权。"故曰，仁贤之智，圣明之虑，负薪之言，廊庙之语，兴衰之事，将所宜闻。

〔注释〕

①恕己而治人：指用宽恕自己之道来治理军队。恕，宽恕。②听讼：处理诉讼、纷争。

〔译文〕

《军谶》上说："优秀的将领统率军队，要用推己及人之道来管理部下士兵。对士兵施加恩惠，这样他们的战斗力就会与日俱增。士兵打起仗来好像暴风骤雨，迅速猛烈，发动进攻如同江河决口，势不可挡。这样的军队，敌人只有望风而逃而不敢抵抗，唯有降服归顺，想征服他们那是妄想。将领能够做到身先士卒，那么他的军队就可以天下称雄。"

《军谶》上说："军队以奖赏为表，以惩罚为里。赏罚严明，将帅才会建立起自己的威信；官吏得力，士兵才会服气；任用的人贤良公正，敌国就会惊恐不安。"

《军谶》上说："贤德的人所效命的国家，一定所向无敌。"所以，对待士大夫一定要谦恭有礼而不可傲慢，对待将领一定要让他心情愉快，而不可让他忧虑重重，思考谋略时要深思熟虑，切不可踟蹰不决。傲慢地对待士大夫，下属就不会心悦诚服；让将领们忧虑，君王和将领之间就会产生隔阂；思考谋略犹豫多疑，敌国就会趁机发动进攻。以这种状态去作战，肯定会招致祸乱。将领乃是国家命脉之所系，将领打败敌人，国家才会安定。

《军谶》上说："将领应该做到清廉镇静、公平严整，听得进下属劝谏，能做到明辨是非，会招揽人才、博采众议，对各国风土人情都有所了解，对山川地理形势都烂熟于胸，通晓险阻要隘，掌握军队权柄。"所以说，凡是仁人贤士的智慧，君主圣上的谋虑，百姓们的心声，朝堂上的议论，以及历代存亡兴衰的故事，将领都应当有所了解。

将者能思士如渴，则策从焉。夫将拒谏，则英雄散；策不从，则谋士叛；善恶同，则功臣倦；专己，则下归咎；自伐①，则下少功；信谗，则众离心；贪财，则奸不禁；内顾，则士卒淫；将有一，则众不服；有二，则军无式；有三，则下奔北；有四，则祸及国。

《军谶》曰："将谋欲密，士众欲一，攻敌欲疾。"将谋密，则奸心闭；士众一，则军心结；攻敌疾，则备不及设。军有此三者，则计不夺②。将谋泄，则军无势；外窥内，则祸不制；财入营，则众奸会。将有此三者，军必败。将无虑，则谋士去；将无勇，则吏士恐；将妄动，则军不重；将迁怒③，则一军惧。《军谶》曰："虑也，勇也，将之所重；动也④，怒也，将之所用。"此四者，将之明诫也。

〔注释〕

①伐：炫耀、夸耀。②夺：出错，这里是遭遇挫折的意思。③迁怒：将自己的过错推到别人身上。④动：这里是伺机而动的意思。

〔译文〕

做将领的人能够求贤若渴，就会听从贤士们的计策。如果拒不听从规劝，那些满腹智谋的贤士就会离他而去；不听从他们的计策谋略，谋士就会叛离；善恶一样对待，那些功臣就会心灰意冷；专断、独裁，下级就会将罪责归结到上司的身上；自我夸耀，部下们立功的积极性就会大大降低；听信谗言，其他的人难免离心离德；贪图财物，那么奸邪之事就无法杜绝；迷恋女色，士兵们就会仿效而淫乱。以上这八条，将帅如果有一条，军心就会不服；有两条，军中就会全无法纪；有了三条，全军必然溃败；具备四条，那就会祸国殃民了。

《军谶》中说："将领的谋略一定要保密，士兵的思想必须要统一，进攻敌人要做到迅速。"将领的谋略保密，敌军奸细就无法刺探；士兵的思想统一，军队就能同心齐力；进攻敌人行动迅猛快速，敌人就会猝不及防。军队中遵守了这三条原则，计划就能顺利执行。将领的谋略外泄，军队就会陷入被动；敌人窥探到了我军内部情况，祸患将无法制止；不义之财进到军营当中，各种弊端就会层出不穷。一名将领如果具备这三点，那么他率领的军队必败无疑。将领不深谋远虑，满腹智谋的人就会离他而去；将领不勇敢威猛，官兵就会不安恐惧；将领轻举妄动，军心就会浮动混乱；将领迁怒于人，全军都会陷入恐惧当中。《军谶》中说："深谋远虑，勇敢威猛，这是将领应具备的宝贵品德；伺机而动，当怒而怒，这是将帅应当掌握的用兵之术。"所以，将领都应该牢记虑、勇、动、怒这四点要求。

《军谶》曰："军无财，士不来；军无赏，士不往。"《军谶》曰："香饵之下，必有悬鱼；重赏之下，必有死夫[1]。"故礼者，士之所归；赏者，士之所死。招其所归，示其所死，则所求者至。故礼而后悔者，士不止；赏而后悔者，士不使。礼赏不倦，则士争死。

《军谶》曰："兴师之国，务先隆恩；攻取之国，务先养民[2]。"以寡胜众者，恩也；以弱胜强者，民也。故良将之养士，不易于身[3]；故能使三军如一心，则其胜可全。

〔注释〕

①死夫：愿意付出生命的人。②养民：降低徭役和赋

六韬·三略

吮卒病疽

　　战国魏将吴起爱兵如子，以身作则，为人表率，士兵们都愿意为他出生入死。吴起统率魏军攻打中山国时，有一个士兵身上长了毒疮，辗转呻吟，痛苦不堪。吴起巡营时发现后，毫不犹豫地跪下身子，把这位士兵身上毒疮中的脓血一口一口地吸吮出来。

税，让百姓修养生息。③不易于身：指和身体一样。易，改变。

〔译文〕

《军谶》中说："军中没有钱财，人才就不会前来归附；军中不行奖赏，士兵就不会勇往向前。"《军谶》中说："在香喷喷的诱饵之下，一定会有上钩的鱼；重重的赏赐之下，一定有不怕死的士兵。"所以，让人才倾心归附的是礼遇；让士兵甘心牺牲的是赏赐。用礼遇让贤士归附，用重赏让士兵效命，所需要的人就会纷至沓来。因此，先是以礼相待，后来却不再如此，贤士就会离去；先是奖赏多多，后来却有所反悔的，士兵就不再甘愿效命。只有礼、赏一如既往，部属才会争着效命。

《军谶》上说："准备兴兵打仗的国家，一定要先多施恩惠；准备攻城略地的国家，一定要先让百姓休养生息。"之所以能以少胜多，就是因为广施恩惠；之所以能以弱胜强，就是因为有民众的支持。所以，优秀的将领爱护自己的部下，就要像爱护自己的身体一样，这样才能让万众一心，战则必胜。

《军谶》曰："用兵之要，必先察敌情：视其仓库，度其粮食，卜其强弱①，察其天地，伺其空隙。故国无军旅之难而运粮者，虚也；民菜色者，穷也。千里馈粮，民有饥色；樵苏后爨②，师不宿饱③。夫运粮千里，无一年之食；二千里，无二年之食；三千里，无三年之食：是谓国虚。国虚则民贫，民贫则上下不亲。敌攻其外，民盗其内，是谓必溃。"

《军谶》曰："上行虐则下急刻，赋敛重数，刑罚无极，民相残贼：是谓亡国。"《军谶》曰："内贪外廉，诈誉取名；窃公为恩，令上下昏；饰躬正颜，以获高官：是谓盗端。"《军谶》曰："群吏朋党，各进所亲④；招举奸枉⑤，抑挫仁贤；背公立私，同位相讪：是谓乱源。"

〔注释〕

①卜：本意是占卜，这里是估计、预测的意思。强弱：指军事力量的强弱。②樵苏：砍柴割草。爨：烧火做饭。先砍柴割草然后才生火做饭，这里指军队后勤供应不上。③宿饱：总能吃饱，"不宿饱"就是总吃不饱饭。④进：这里是推举、推荐的意思。⑤枉：这里指奸邪小人。

〔译文〕

《军谶》中说："用兵的诀窍之一就是一定先了解敌情：了解敌军库存物资如何，估计敌军粮草多少，判断敌军战斗力强弱，观察敌军所在地的天气和地形，以从中发现可乘之机。所以说，一个国家没有战事而调运粮食，说明这个国家缺粮；百姓面有菜色，说明这个国家贫穷。千里之遥运送粮食，百姓必定挨饿；军队中烧火做饭前才去打柴割草，这支军队一定总吃不饱饭。从一千里以外的地方运粮，说明这个国家短缺一年的粮食；从二千里以外的地方运粮，说明短缺二年的粮食；从三千里以外的地方运粮，说明短缺三年的粮食：这就是国家的国库空虚啊。国库空虚，百姓必然贫穷，百姓贫穷，上层和下层之间就会出现隔阂。如果这时，外面有敌人进攻，内部百姓作乱，这个国家必然走向灭亡。"

《军谶》上说："君主暴虐横行，臣下就会严苛刻薄，横征暴敛，滥用刑罚，百姓相残，这样的国家必定走向灭亡。"《军谶》中说："表面上清正廉洁，暗地里却贪污无数，骗得名誉和声望；盗用朝廷的财产，自己树立恩德形象，以致上下皆昏愦不明，混淆是非；道貌岸然，骗取高官厚禄：这就是篡国的开始。"《军谶》中说："官员结党营私，任人唯亲；提拔奸人，排挤贤士；将国家利益扔到一旁，专谋一己私利，同僚之间相互倾轧攻讦，这就是国家祸患的根源。"

《军谶》曰："强宗聚奸①，无位而尊，威无不震；葛藟相连②，种德立恩，夺在权位；侵侮下民，国内哗喧，臣蔽不言，是谓乱根。"

《军谶》曰："世世作奸，侵盗县官③；进退求便，委曲弄文，以危其君，是谓国奸。"《军谶》曰："吏多民寡，尊卑相若，强弱相虏；莫适禁御，延及君子，国受其咎。"《军谶》曰："善善不进④，恶恶不退⑤，贤者隐蔽，不肖在位，国受其害。"

〔注释〕

①强宗：指社会上的豪门大族，有权有势、横行无忌。②葛藟：藤本植物名，攀附在树木之上，这里形容豪门望族互相勾结，盘根错节。③县官：这里指天子。④善

善：喜爱善良的人。前一个"善"为动词，喜爱、喜好的意思。进：被任用，重用。⑤恶恶：厌恶奸恶的人。退：罢黜、贬退。

〔译文〕

《军谶》中说："豪门大族相互勾结在一起作乱，虽然没有爵位但是却很尊荣显贵，威风霸气，没有谁不恐惧；他们的势力好像葛藟一样盘根错节勾结在一起，以小恩小惠树立恩德形象收买人心，妄图谋夺朝政大权，欺压百姓，百姓哗然，大臣们却蒙蔽君主，不敢向君主说实话，这就是祸乱的根源。"

《军谶》中说："世世代代为奸作恶，侵夺君主的权威；无论是出仕还是退隐都是从自己的方便考虑，矫饰曲解舞文弄墨，危害到了国君，这就是乱国的贼寇。"

《军谶》中说："官多民少，不分尊卑，恃强凌弱，这样的现象禁止不了，就会有正直的君子遭殃，国家也会受害。"《军谶》中说："喜爱好人但是却不任用，厌恶坏人但是还不罢黜，德才兼备者退隐山林，德行败坏者却位高权重，国家受害不浅。"

《军谶》曰："枝叶强大，比周居势，卑贱陵贵，久而益大，上不忍废，国受其败。"

《军谶》曰："佞臣在上，一军皆讼，引威自与，动违于众。无进无退，苟然取容。专任自己，举措伐功。诽谤盛德，诬述庸庸。无善无恶，皆与己同。稽留行事，命令不通。造作奇政，变古易常。君用佞人，必受祸殃。"

《军谶》曰："奸雄相称，障蔽主明。毁誉并兴，壅塞主聪。各阿所私，令主失忠。"故主察异言，乃睹其萌；主聘儒贤，奸雄乃遁。主任旧齿，万事乃理；主聘岩穴，士乃得实；谋及负薪，功乃可述；不失人心，德乃洋溢。

〔译文〕

《军谶》中说："朝廷宗室的势力过于强大，他们结党营私，把持大权，欺压弱小，冒犯权贵，时间越长，他们的势力就越大，君主却不忍心将他们除掉，国家必定受其祸害。"

《军谶》中说："奸佞之臣把持政权，全军上下都激愤不已，但是这些小人还在仗势逞威，反众人的意愿而行事。进退毫无原则，无论进还是退都在看上司的脸色行事。他们刚愎独断，有了什么举动都不忘自我夸耀。对品德高尚的人大加诽谤，诬蔑他们是庸碌之辈。无论好坏，凡事只求符合一己私利。他们政治水平低下，政务大量积压，政令不通。处处标新立异，古制、常法通通变更。君主重用这样的奸佞小人，肯定会遭其祸殃。"

《军谶》中说："奸雄之间互相吹捧，蒙蔽了君主的视线，使他不辨邪正。将诽谤和吹捧混杂在一起，堵满君主的耳朵，让他善恶不分。对自己的心腹亲信大肆庇护，导致君主失去了忠贞的大臣。"所以，君主注意倾听不同的意见，就能发现祸乱的苗头；任用德才兼备的贤士，奸佞之徒就会逃遁；任用德高望重的旧臣，各种事情就会井井有条；君主招募那些隐居埋名的贤士，才能得到有真才实学的人；广泛地听取百姓的意见，可以名载史册。君主不失民心，他的美德才能得到广泛的传播。"

中　略

夫三皇无言而化流四海①，故天下无所归功。帝者②，体天则地，有言有令，而天下太平。君臣让功，四海化行，百姓不知其所以然。故使臣不待礼赏有功，美而无害。王者，制人以道，降心服志；设矩备衰，四海会同，王职不废。虽有甲兵之备，而无斗战之患。君无疑于臣，臣无疑于主。国定主安，臣以义退，亦能美而无害。霸者，制士以权，结士以信，使士以赏。信衰则士疏，赏亏则士不用命。

《军势》曰："出军行师，将在自专，进退内御，则功难成。"《军势》曰："使智、使勇、使贪、使愚：智者乐立其功，勇者好行其志，贪者邀趋其利，愚者不顾其死。因其至情而用之，此军之微权也。"《军势》曰："无使辩士谈说敌美，为其惑众。无使仁者主财，为其多施而附于下。"《军势》曰："禁巫祝，不得为吏士卜问军之吉凶。"

六韬·三略

〔注释〕

①三皇：古代神话传说中上古时代的三位帝王，具体是哪三位有很多说法，燧人、伏羲、神农、共工、黄帝、祝融等都曾在列，现在较为统一的说法燧人、伏羲、神农。②帝：指五帝。神话传说中上古时代的五位帝王，现在一般的说法是少昊、颛顼、帝喾、尧、舜。

〔译文〕

在远古的三皇时代，尽管三皇并没有明确的治理国家的言辞、政令，但是四海之内仍然风气良好，所以，当时的天下人并不知道这个功劳应该属于谁。后来到了五帝的时代，五帝顺应天地自然的规律，设教施令，天下安定太平。君臣之间谦让有加、推让功劳，所以，四海之内教化遍布，但是百姓却还是不知道其中的缘由。所以，统御大臣，不必依靠礼法、赏赐有功之人，也能相处得亲密无间。到了三王时代，三王重视以道治天下，让百姓心悦诚服；又制定了很多法令法规，以预防社会走下坡路，四海诸侯按时前来朝见天子，奉上自己的贡品。所以国家虽然备有军队，但是却没有战乱。君主不怀疑大臣，大臣不怀疑君主。国家安定，君权稳固，臣下适时告退，君臣之间也能亲密无间。到了春秋时期的五霸时代，运用权术统治臣下，依靠信义结交贤士，借助奖赏来笼络人才。如果信义减少了，那么贤士就会疏远而去，奖赏不够了，下属也不再服从指挥。

《军势》中说："领兵作战，取胜的关键之一是将领自行决断军务，如果一进一退都为朝廷所遥控，那么很难获得胜利。"《军势》中说："有智谋的人、勇敢的人、贪婪的人和愚笨的人，驾驭他们的方法各有不同：满腹智谋的人乐于建功立业，勇敢的人想要实现自己的志愿，贪婪的人热衷于追求利禄，愚笨的人则不怕牺牲生命。所以，要根据各人不同的特点来指挥他们，这是军队中高妙的用人之道。"《军势》中说："那些牙尖嘴利、能言善辩的人，不可让他谈论敌人的长处，因为这样会扰乱我军的军心。那些心怀仁慈的人，不可让他掌管财物，因为他会滥施恩惠，去迎合讨好自己的下级。"《军势》中说："在军队里要严禁巫祝活动，严禁他们为官兵卜问作战的吉凶。"

《军势》曰："使义士不以财。故义者不为不仁者死，智者不为暗主谋①。"主不可以无德，无德则臣叛；不可以无威，无威则失权。臣不可以无德，无德则无以事君；不可以无威，无威则国弱，威多则身蹶②。

故圣王御世，观盛衰，度得失，而为之制。故诸侯二师，方伯三师，天子六师。世乱，则叛逆生；王泽竭，则盟誓相诛伐。德同势敌，无以相倾，乃揽英雄之心，与众同好恶，然后加之以权变。故非计策无以决嫌定疑，非谲奇无以破奸息寇，非阴谋无以成功。

圣人体天，贤者法地，智者师古。是故《三略》为衰世作。《上略》设礼赏，别奸雄，著成败；《中略》差德行，审权变；《下略》陈道德，察安危，明贼贤之咎。故人主深晓

六韬·三略

运筹帷幄

　　汉张良坐在军帐中运用计谋,就能使千里之外的战斗取得胜利。汉高祖刘邦将自己能够定天下的功绩归因于善用人才。

《上略》，则能任贤擒敌；深晓《中略》，则能御将统众；深晓《下略》，则能明盛衰之源，审治国之纪。人臣深晓《中略》，则能全功保身。

〔译文〕

①暗主：昏庸无能的君主。谋：出谋划策。②蹶：跌倒，这里引申为覆灭。

〔译文〕

《军势》上说："不能依靠金钱来驱动侠义之士。这是因为侠义之士不会为缺少仁义的人去效死卖命，足智多谋的人不会为昏庸无能的君主献计献策。"君主不能没有德行，如果没有德行，臣下就会背叛离开；君主也不能没有威严，如果没有威严，就会丧失手中的权力。做臣子的也不能没有德行，如果没有德行，就不能忠心奉主；也不能没有威严，如果没有威严，国家就会走向衰弱，但是如果过于威严，也会让自己吃亏栽跟头。

所以说，圣明的君王治理天下，观察盛衰，衡量得失，进而建立各项制度。所以才有了诸侯辖有二军、方伯辖有三军，天子辖有六军的规定。后来天下大乱，叛逆四起，天子的恩泽已经穷尽，诸侯之间开始立誓结盟，互相攻伐。由于诸侯们的道德、军事都是势均力敌，谁也没有办法将谁彻底消灭，所以有千方百计招揽天下英雄之心，投其所好，然后再运用权术笼络。所以，不想计策就无法裁决嫌疑难定的事情；不诡诈奇谲就不能消灭奸人、评定贼寇；不施用阴谋轨迹就不要想成功。

圣人能够体会天之道，贤者能够顺应地之理，智者能够以古人为师。所以，《三略》一书便是为衰败的乱世而作。《上略》论述的是制定礼仪、行赏制度，辨识奸雄，分析成败；《中略》论述的是区别德行、明察应变；《下略》主要是阐述道德、观察安危，分析迫害贤德之人的危害。所以说，君王读通了《上略》，便能做到任用贤人，战胜敌人；读通了《中略》，就能驾驭将帅，统领军众；读通了《下略》，就能懂得盛衰的根源，了解治国的纲纪。大臣读通了《中略》，就能功成名就，又能全身而退。

　　夫高鸟死，良弓藏；敌国灭，谋臣亡。亡者，非丧其身也，谓夺其威，废其权也：封之于朝，极人臣之位，以显其功；中州善国，以富其家；美色珍玩，以说其心。夫人众一合而不可卒离，威权一与而不可卒移。还师罢军，存亡之阶。故弱之以位，夺之以国，是谓霸者之略。故霸者之作，其论驳也。存社稷、罗英雄者，《中略》之势也，故世主秘焉。

〔译文〕

　　高飞的鸟死了，上好的弓箭就要被藏起来了；敌国灭亡了，为君主出谋划策的大臣就要被除掉。这里所说的除掉，并不是要取他们的性命，而是剥夺他们的威势，废除他们的权力：在朝廷上大肆封赏他们，让其爵位、赏赐无可复加，以表彰他们的功劳；再将中原最好的土地赏赐给他们，让他们家族富裕；再多多赏给他们珍玩美女，让他们心情舒畅。民众一旦集中编成部队，就不要仓促解散，权力一旦授予某人，就不可轻易变动。战争结束、班师回朝之时，乃是君主权位存亡的关键时刻。所以，此时就通过奉赠高官显爵来削弱将帅的实权，再赐给他土地以剥夺他的兵权，这就是称霸的人统御将帅的策略。所以说称霸者的作为，其中的道理是非常复杂的。保全国家、网罗英雄，这就是《中略》中介绍的权变之道，历代君主都视若珍宝秘而不宣。

下　略

夫能扶天下之危者①，则据天下之安；能除天下之忧者，则享天下之乐；能救天下之祸者，则获天下之福。故泽及于民，则贤人归之；泽及昆虫，则圣人归之。贤人所归，则其国强；圣人所归，则六合同②。求贤以德，致圣以道③。贤去，则国微；圣去，则国乖。微者危之阶，乖者亡之徵。贤人之政，降人以体；圣人之政，降人以心。体降可以图始，心降可以保终。降体以礼，降心以乐。

所谓乐者，非金石丝竹也，谓人乐其家，谓人乐其族，谓人乐其业，谓人乐其都邑，谓人乐其政令，谓人乐其道德，如此，君人者，乃作乐以节之，使不失其和。故有德之君，以乐乐人；无德之君，以乐乐身。乐人者，久而长；乐身者，不久而亡。

〔注释〕

①扶：拯救。②六合：天、地、东、南、西、北为六合，这里指天下。同：统一。③致：来，使……到来。

〔译文〕

　　能匡扶天下于危亡的人，就能拥有天下的安宁；能够消除天下的忧患的人，就会享有天下的快乐；能拯救天下于灾祸的人，就可获得天下的幸福。所以说，施恩泽于百姓，贤人就会前来归顺；施恩泽于昆虫万物，圣人就会倾心归向。贤人前来归附，这个国家就会强大；圣人前来归附，这个国家就会统一天下。要招揽贤人来，靠的是德行，要让圣人归附，靠的是道。贤人离开，这个国家就会衰落下去；圣人离开，这个国家就会陷入混乱。衰落是通往危险的阶梯，混乱是灭亡的前兆。贤人掌政，能让人在行动上顺从；圣人掌政，则让人心悦诚服。让人在行动上顺从，就可以构想开创一番事业，令人心悦诚服，则可以做到善始善终。让人在行动顺从依靠的是"礼"，让人心悦诚服凭借的是"乐"。

　　这里说的"乐"，指的不是金石丝竹等那些乐器发出的乐曲之"乐"，而是指人们喜爱他的家庭、喜爱他的宗族、喜爱他自己的职业、喜爱自己的国家，拥护国家的政令，重视自身的道德。这样治民的君王便通过乐教规范人们的行为，让人们和谐相处。因此，品德高尚的君主是用乐来让百姓欢乐；而无道昏庸的君主，只会用乐欢娱自己。让民众快乐，方能国祚长久；只图着自己欢乐，离灭亡便不远了。

　　释近谋远者①，劳而无功；释远谋近者，佚而有终②。佚政多忠臣③，劳政多怨民。故曰：务广地者荒④，务广德者强；能有其有者安⑤，贪人之有者残。残灭之政，累世受患。造作过制⑥，虽成必败。舍己而教人者逆，正己而化人者顺。逆者乱之招，顺者治之要。道、德、仁、义、礼五者一体也：道者，人之所蹈；德者，人之所得；仁者，人之所亲；义者，人之所宜；礼者，人之所体：不可无一焉。

故夙兴夜寐，礼之制也；讨贼报仇，义之决也；恻隐之心，仁之发也；得己得人，德之路也；使人均平，不失其所，道之化也。

〔注释〕

①释：放手、放弃。②佚：通"逸"，安逸。终：好的结果。③佚政：即"逸政"，安逸、简单的政策，让百姓得到休养生息的治理方式。④务：致力，追求。荒：覆亡。⑤有：前一个"有"为动词，保持、保有的意思。⑥造作：指大兴土木，建设宫殿园林。过制：超过制度中规定的标准。

〔译文〕

舍近求远的，一定会劳而无功；舍远求近的，将会享受安逸而结局很好。安逸的统治就会出现很多的忠臣；苛刻的政治，必然让民怨深重。所以说：那些热衷于开疆扩土的，内政肯定会荒废；那些致力于广施恩德的，一定会让国家强盛；保持住自己应该有的，便可以获得安宁；贪图别人手中的，必定招来灾祸。残暴统治的危害会波及好几代人。为所欲为超过了限度，即使有一个成功的开始最终也会失败。只会教育别人自己却不以身作则，这是不合常理的；教育别人之前要要求自己，这才顺应常理。违背常理是导致混乱的根源，顺应常理才是治安的关键。道、德、仁、义、礼，这五者相互联系，是一个整体：道是人们所应当遵循的规则；德是人们心中应有的思想；仁是人与人交往应有的德行；义是人们应当遵守的理念，礼是人们要照着做的规范，这五者缺一不可。

所以，人们早起晚睡，这是受礼的约束；讨伐贼人报仇雪恨，这是从义的角度作出的决定；心怀同情怜悯之心，这是从仁爱的立场出发；让自己和他人都有所得，这是修行德性的途径；让人人都公平均等，各得其所，这乃是道的教化。

出君下臣名曰命[①]，施之竹帛名曰令[②]，奉而行之名曰政。夫命失，则令不行；令不行，则政不正；政不正，则道不通；道不通，则邪臣胜；邪臣胜，则主威伤。千里迎贤，其路远；致不肖，其路近。是以明王舍近而取远[③]，故能全功尚人，而下尽力。废一善，则众善衰；赏一恶，则众恶归。善者得其佑，恶者受其诛，则国安而众善至。众疑无定国，众惑无治民。疑定惑还，国乃可安。一令逆则百令失，一恶施则百恶结。

故善施于顺民，恶加于凶民[④]，则令行而无怨。使怨治怨，是谓逆天；使仇治仇[⑤]，其祸不救。治民使平，致平以清，则民得其所而天下宁。

〔注释〕

①出：出自。下：下达。②施：这里是书写的意思。竹帛：竹片和布帛，这里泛指书写材料。③明王：明智的君王。④凶民：凶恶的民众。⑤仇：前一个仇指让百姓仇恨的方式，后一个仇指满腹仇恨的百姓。

〔译文〕

君主给臣下的指示叫作命，写在竹帛上就叫令，推广执行起来就是政。命出现了错误，令就无法实行；令无法实行，政就会出现偏差；政出现了偏差，治国之道就会行不通；治国之道行不通，那些奸邪的臣子就会得势；奸邪的臣子得了势，君王的权威就会遭到损伤。从千里之外的地方迎请"贤人"，路途遥远漫长；招引来奸佞的小人，却可以说是近在咫尺。因此，明智的君主舍近求远，所以才能做到保全功业、尊崇贤德，臣下也就会忠心竭力为他效命。罢黜一个好人，那么更多的好人都会悲观丧气；奖赏一个恶人，那么更多的坏人会蜂拥而至。好人得到的保护，坏人受到应有的惩罚，国家才会安定、贤人云集。民众疑虑重重，就不可能有安定的国家，民众惶惑不安，就不会有良善守法的百姓。只有将疑虑、惶惑一扫而空，国家才能安宁稳定。一项法令违背了常理，其他的法令也都会因此失去效用。一项不合理的政令推行，就会造成很多的恶果。

所以，要用和善的手段统治驯服的民众，要用严苛的酷政对付凶恶的民众，这样法令才能推行，民众也不会有怨言。治理满腹怨恨的民众用他们所怨恨的手段，这就是在逆天行事；治理仇恨满怀的民众用他们所仇恨的手段，这样引出来的祸患将无法挽救。治理民众要做到公平平等，要想实现公平平等，政治必须要清明，这样百姓才能各得其所，天下也就安宁太平了。

犯上者尊①，贪鄙者富②，虽有圣王，不能致其治。犯上者诛，贪鄙者拘，则化行而众恶消。清白之士，不可以爵禄得③；节义之士，不可以威刑胁。故明君求贤，必观其所以而致焉。致清白之士，修其礼；致节义之士，修其道。而后士可致而名可保。

夫圣人君子明盛衰之源，通成败之端，审治乱之机，知去就之节。虽穷不处亡国之位④，虽贫不食乱邦之禄⑤。潜名抱道者⑥，时至而动⑦，则极人臣之位。德合于己，则建殊绝之功。故其道高而名扬于后世。

〔注释〕
①尊：地位尊贵。②贪鄙：贪婪卑鄙。③以爵禄得：指用高官厚禄来得到人才。爵禄，高官厚禄。得，得到。④处亡国之位：指在亡国任职。⑤食乱邦之禄：食乱邦的俸禄，与"处亡国之位"意同。⑥抱道：胸怀治国安邦之道。⑦时至：时机成熟，时机到来。

〔译文〕
作乱犯上的人反倒尊贵，贪婪卑鄙之辈却很富足，这样即便有圣明的君王来治理国家也治理不好。唯有诛戮那些犯上的人，囚禁那些贪婪卑鄙的人，教化才能推行，各种坏人恶行才会消隐无踪。那些高尚清白的人，不能用高官厚禄去收买；那些有忠贞侠义的人，不能用威刑加以胁迫。所以，圣明的君主招揽贤德之人，一定要投其所好。要招揽高尚清白的人来，一定要讲究礼仪；要招揽忠贞侠义的人来，必须得讲究道义。这样才能让贤士归附，君主的圣名才可以保全。

那些圣人君子，懂得盛衰变化的根源，通晓成败得失的发端，明察大治大乱的关键，谙熟进退的节度。宁可境遇穷困，也不去当行将灭亡的国家的官员，宁可生活贫寒，也不去领取混乱的邦国的俸禄。隐姓埋名、胸怀安邦定国之志的人，审时度势，伺机而起，便能够建功立业，位极人臣。如果遇到志同道合的君主，一定能建立绝世功勋。所以他们才能凭借其高超的谋略而名扬后世。

圣王之用兵，非乐之也[①]，将以诛暴讨乱也[②]。夫以义诛不义，若决江河而溉爝火[③]，临不测而挤欲堕[④]，其克必矣。所以优游恬淡而不进者，重伤人物也。夫兵者，不祥之器，天道恶之；不得已而用之，是天道也。夫人之在道，若鱼之在水，得水而生，失水而死。

故君子者常畏惧而不敢失道。豪杰秉职[⑤]，国威乃弱；杀生在豪杰，国势乃竭。豪杰低首，国乃可久；杀生在君，国乃可安。四民用虚，国乃无储；四民用足，国乃安乐。

〔注释〕

①乐：喜欢。②暴：暴虐、残暴的人。③溉：浇灌。爝火：火把。④临：靠近。不测：无法测量，这里指深不见底的渊涧。欲：即将，马上。⑤豪杰：这里指逞强施威的人。秉：秉持、掌握。

〔译文〕

圣明的君王兴兵打仗，并不是因为他尚武好战，而是在用这种方式讨伐暴乱。以正义讨伐不义，就好比让江河决口，用滔滔河水将微弱的火把浇灭，就好比推挤一个靠近深渊、已经站立不稳的人，这是必然会成功的。圣明的君王之所以悠闲安逸而不急于进军，是因为他很重视士兵的伤亡、财产的损失。战争乃是不祥之物，为天道所厌恶；只有在万不得已的情况下动用战争的手段，才是顺应天道的。人顺应天道，就好像鱼儿在水中一样，有水就能生存，离开水就死了。

因此，君子要时刻保持警惕，不违背天道。豪强把持朝政，国家的威严就被削弱；豪强掌握生杀大权，国家的势运就要衰竭。豪强俯首听命，国家才能长治久安；君王掌握着生杀大权，国家才能安宁。百姓贫困，国家就没有储备，只有百姓富足了，国家才能安定祥和。

贤臣内①，则邪臣外；邪臣内，则贤臣毙②。内外失宜③，祸乱传世。大臣疑主④，众奸集聚。臣当君尊，上下乃昏；君当臣处，上下失序。

伤贤者，殃及三世；蔽贤者⑤，身受其害；嫉贤者，其名不全；进贤者，福流子孙。故君子急于进贤而美名彰焉。利一害百，民去城郭；利一害万，国乃思散。去一利百，人乃慕泽；去一利万，政乃不乱。

〔注释〕

①内：在内为官，这里指得到任用，受宠。②毙：这里是被陷害、被置于死地的意思。③宜：合适。失宜即陷入了混乱。④疑：通"拟"，比拟。⑤蔽：遮蔽、打压。

〔译文〕

贤能的臣子在朝中得到重用，奸佞的小人就会被疏远；奸佞的小人在朝中受宠，贤能的臣子就会被陷害。内外陷入混乱，灾难就会祸及后世。奸权之臣自比君主，更多的奸臣都会聚集在一起狼狈为奸。臣子和君主的地位一样尊贵，上下就会乱作一团；君主和臣子一样的地位，上下秩序就会失控。

迫害贤人，这样造成的祸患将会延续给子孙后代；埋没、打压贤人的，他们自己也会遭殃；忌妒贤人的人，他们将名节不保；唯有举贤荐能的人，才能造福于后世。因此，君子都热衷于推荐贤人，好让自己的美名显扬于世。让一个人得利而让一百个人受害，这样民众就会想离开城池；让一个人得利而让一万个人受害，这样全国的百姓都想离开；除掉一人，对一百人有益，人们就会对其感恩戴德；除掉一人而对一万人有益，国家的治理就不会发生动乱。

后 记

巾箱本，灵感来源于古时文人的精致小书卷。偷得浮生半日闲，庭院深处，卧榻画屏散读几页，甚是有趣可爱。原来在我们的祖先那里，读书也并非只是书斋里的"圣贤事"，同样是生活中美的体验与享受。

即使在现代，这种追求悠适的审美体验与享受也从未间断过。可惜的是，我们这个时代没有提供中国文化现代审美精品给大众。那些历经千百年或遒劲有力或婉转清丽的雕版汉字，那些繁复工序抄造的纹路质朴自然的手工宣纸，朱红、靛蓝、墨黑的组合承载了多少文化的美感，却被尘封在了故纸堆中。我们的巾箱本系列，希望给大家一种启迪，从年轻人的角度再次去审视、探究中国文化的审美，期许能挖掘出最有时代价值、最纯真的审美感动与享受。

希望我们的愿景和努力能为传统文化带来当代的审美，别样的阅读。

关于本书的版本甄选，巾箱本《六韬·三略》宣纸线装本出自民国张元济所辑《续古逸丛书》之《武经七书》，依上海涵芬楼影印中华学艺社借照东京岩崎氏静嘉堂藏本影印。

巾箱本《六韬·三略》平装本，内容包括《六韬·三略》的简体原文、注释及译文，内容依权威通行本校订。

最后，感谢崇贤书院的傅璇琮、任德山、毛佩琦等多位著名学者，郑连杰等艺术家，以及协力巾箱本系列出版的藏书家、藏书楼和各大图书馆，正是他们的倾心指导，才使得本系列得以顺利付梓出版。

图书在版编目（CIP）数据

续古逸丛书本六韬·三略 ／（周）太公望等著 ；崇
贤书院释译. —— 北京 ：北京联合出版公司，2014.6
（巾箱本）
ISBN 978-7-5502-2836-8

Ⅰ．①续… Ⅱ．①太… ②崇… Ⅲ．①兵法-中国-
古代 Ⅳ．①E892.2

中国版本图书馆CIP数据核字(2014)第072292号

书　　名	续古逸丛书本六韬·三略
著　　者	太公望等　崇贤书院
责任编辑	王　魏　张　瑾
出版发行	北京联合出版公司
地　　址	北京市西城区德外大街八十三号楼九层
	邮编：100088
策划经销	北京崇贤馆世纪文化传媒有限公司
	北京市朝阳区建外SOHO西区
	15号楼1层1515号，邮编：100022
印　　刷	河北华宝古籍印刷有限公司
开　　本	32开
印　　张	平装本：6.75印张　　宣纸本：65筒页
字　　数	108千字
版　　次	2014年6月第1版　2014年9月第1次印刷
标准书号	ISBN 978-7-5502-2836-8
定　　价	148.00元

（本书凡印装错误可向承印厂调换，电话：010—57749789）